바람이 그림자 되어

이남근 시집

시와사람

이남근 시집

바람이 그림자 되어

2020년 5월 5일 인쇄
2020년 5월 10일 발행

지은이 | 이 남 근
펴낸이 | 강 경 호
인쇄 · 기획 | 도서출판 시와사람
등록 | 1994년 6월 10일 제 05-01-0155호
주소 | 광주시 동구 양림로119번길 21-1(학동)
전화 | (062)224-5319
팩스 | (062)225-5319
E-mail | jcapoet@hanmail.net

ISBN978-89-5665-563-5 03810

값 10,000원

· 잘못된 책은 바꾸어 드립니다.

공급처 ■ 한국출판협동조합
경기도 파주시 탄현면 오금리 202번지
주문전화 (02)716-5616, 070-7119-1740

이 도서의 국립중앙도서관 출판예정도서목록(CIP)은 서지정보유통지원시스템 홈페이지(http://seoji.nl.go.kr)와 국가자료종합목록 구축시스템(http://kolis-net.nl.go.kr)에서 이용하실 수 있습니다.
(CIP제어번호 : CIP2020015423)

바람이 그림자 되어

나의 오감(五感)이 오가는 곳이면 나의 시공간 또한 거기에 머무르곤 했다. 그동안 대학 강단에서 세월을 보내면서 나름의 기쁨과 보람을 직조해 왔다. 그러는 중에도 가슴에 일어난 갈증의 불길은 여전하여 새 세상을 직조하겠다고 작정하였으나 이는 모기 머리로 징을 치는 것처럼 늘 무모한 일이 아닌가도 싶었다. 그럼에도 내가 모색한 시창작의 세계는 나에게 주어진 언어를 느낌이나 직관으로 바꾸고 갖가지 사물들을 의미의 세계에 끌어들이는 작업이었다. 이 같은 안돈함이 나의 작은 텃밭에다 이런저런 푸성귀를 심어보기에 이르렀고 이들을 그리는 시간에 신기하고 풋풋한 존재들이 아장아장 걸어서 내게로 왔다.

시인은 상상이 자유로운 자로 구만리장천도 날을 수 있다. 이 자리에 언어가 갖는 직관력은 불편한 여러 굴레와 경계를 허물고 우주적 사통팔달을 표현하는 파천황적 전개로 거듭나고 있다. 새장을 탈출한 새가 당장에 세찬 바람을 가르기에는 벅차다. 그럼에도 제대로 된 비상을 꿈꾸며 나선 길이기에 내가 넘어야할 여러 일들을 각

오하면서 나는 시 쓰기 앞에서 설레며 광대무변의 대양을 꿈꾸는 중이다. 번지 점프대에 선 나는 나만의 우주공간을 호흡하면서 사유와 통찰을 자리 만들어 조응해 가려한다. 첫술에 배부를 수 없듯이 나의 지금의 걸음마 또한 조심스럽고 여러분의 보살핌과 가르침을 받아서 한발 한발 옮겨가려 한다.

2020년 코로나19가 많이 걱정되는 시간에
봄이 오는 무등산 입석대를 바라보며
이남근 삼가 씀

차 례

지각한 첫눈 2

3 문틈 구멍으로

그저 침묵으로 4

1

바람이 그림자 되어

보길도에서

뾰족산이 된 섬
공룡알이 아이러니가 되다
귀양 중 풍광에 취한 고산은
어부사시사를 국어책에 선물하고
우암은 부동자세의 절벽에
글씬바위를 세우고
운명 같은 보길도에서
진을 치던 봄이
남녘 호수를 술잔처럼 띄웠다

뱃길에 굽이치는 푸른 주름들
그 너름새를 헤엄쳐 온 나그네
오가지도 못한
섬들의 외로움이
동백꽃으로 피어난
보길도에서
가슴 가슴 수평선이 된 나는
파도소리 부르며 누워 있었다.

반가움

사막의 모래알을 세며
용머리를 타고
우주를 쏘다니다가
화성에 내렸더니
골치 아픈
저리 많은
개망초 피어 있다.

감각

주전자로
선을 긋고
발걸음으로
땅을 갈라도
먹줄보다
실수 없는
사랑으로
살아온
너는
땅을 갈라도
얼룩이지
무늬는 아닐 듯.

새참

가시 돋은 햇볕에
밭이랑 사이로
떨어지는 갈증
새참 이고 온
소나무에게
막걸리 안부도 못 한 채
덧없는
한 덩이 구름만
부러워하며
새참의 배려로
가시 뽑아
내민 방석에
털썩 주저앉는다.

수련

탁한 물위에 핀
맑은 꽃
높은 덕망
고혹적인 기풍
너만의 몫이리
더러운 찌꺼기 먹고
어둠을 지켜서
밥물로 씹어 먹여준
희생이 꽃으로
내 가슴에 오기까지
뭉클한 이 기쁨.

자아에게

질화로에 얼음 덩어리로
삶을 만든 대장장이
유랑하고 싶은 아이에게
아버지의 정장 차림이
늘 힘겹다
아이를 달래가며
사막을 넘어야 하는 너에게
장하다는 칭찬도
순응해야 한다는
격려도 할 수 없다
다만 다행스러운 것은
너의 창고에 씨 나락 한 자루.

아뜨리에 황소

내 안에 친구
큰 눈알 굴린다
큰 덩치에
노을 진 동화 속
주인공 되어
동트는 배고픔
세상을 달관한 듯
작은 요정들의 노래
어둠타고 내려와
길 잃었을까
도로로 나가는 꿈을
노심초사 살피는
황금이라서
황소인 것…

벽속에 갇힌
작별한 친구
그리움도 망각한
빛을 등지고
아니 좁쌀만 한,
시간가는 줄 모른 채

노인은
덩치만큼 덩실한
시간 속의
황소 앞에
가물거리는
하나의 소실점이다.

카페 데이트

너와 나의 설렘은
마차를 멈췄다
정원 벤치 주변에
꽃들이 피어
바이킹은
바람에 밀리고
카페 데이트는
실루엣이어서

봄볕에 살 오른
하루의 공간은
단비로 쏟아지는
꽃무늬 교향악을
탁자 위에 깔아두고
겨우내 웅크린
꽃들의 정열이
초원의 사슴이거나
뭉게구름으로
마냥 뛰놀고 있었다

*바이킹: 놀이 공원에 있는 놀이기구

기호화

황소가
트렉터를 몰고
반죽 속에
장강은 흐르고
콧구멍 속으로
코끼리 질주하고
소실점이
흙이 되는
하늘이
비좁은 기러기.

정도리 깻돌밭

정지*로 가는 길목에
나는 끼어드는 섬이다
하늘과 바다가
수평선이 된 사랑
그 사랑 눕혀두고
붙잡힌 섬
하얀 이 드러낸

파도의 설득에도
자리 펴고 누운
그 고집불통의 바다를
누가 꺾으랴 싶다가도
고독한 삶에 생채기 내고
수많은 아집으로 넘실대며

내가 아내의 섬이었을 때
피멍 든 음표들이
나에게 보인 사랑은
들락날락 파도소리 대신
야단법석 동자승 되어
선문답 같은 정도리는 증발하고

무정한 세월만 만발하더라.

*정지: T.S. Elliot의 Still Point를 번역한 용어

질투

진열장에

다이야반지

부족하고
미안한
투명한
반지가

외출을
상상하는
고통이거나

투명하고
빛나는
다이야를 품었다.

연못가 수양버들

고개 숙인 수양버들
흔들리는 초라한 거울에
비친 몰골로 잠이 들고
모두가 아우성치며
하늘로 기지개 켜면
거울을 보며
뿌리를 염려 한다

바람의 유혹에도
연못을 지키고
일그러진 자화상을
되새김하며
거울 속 물고기들
두드리며 달래준다

아내가 선물한 거울로
하루를 보내지만
이미 나는 두 조각으로
수양버들처럼…
수양버들을
마구 때리는
오래된 거울이다.

동구 밖 느티나무

세월만큼 고집스런 너는
동네 친구들의 소꿉놀이로
고독에 고독을 달래고는
고해성사 받는 신부가 되어
이 많은 낙엽을 떨구어 주었지

신 같은 너의 직관은
우리의 지식을 멀찍이 뛰어넘고
달려가서 맞이하는 기쁨보다
다가오는 많은 아픔들을
등을 내어 하나하나 업어주고

사막을 짊어진 태양의 헐떡거림을
우듬지로 받아 올려 태양처럼 불타는
한 바가지 구름들을 쏟아내곤 했었지

겨우내 가난해진 온기는 떨어질까
온몸을 세워 하늘을 받치고
스산한 찬바람에 달빛 사랑과
별들의 안부를 묻고 또 물었던…

삶의 교만들이 널 무시해도
인자한 어른처럼 빙그레 미소만 짓는
한그루 느티나무는 동구 밖에 안녕하시다.

산책길

초록 기운 받아
그림자는 짙어지고
물소리
바쁜 손놀림에
바람 일어나
해살무늬 개천 물로
춤추는 하늘
새들이 비행하고
멀어진 소실점에
동강난 토막길을
이어가며
흘리고 간
사랑부스러기
이름 모른 풀꽃들
디오게네스를 떠올리는
의기충천한
나무들 위용
애써 걷는 나는
달관한 바윗돌과
세월을 잡겠다고…

냉이 나물

아내의 정성에 하루하루를 맡긴 너는
잔인한 총상을 십자 꽃으로 피게 하여
추위와 어둠 속에 씨앗으로 간직하고
들녘의 바람 앞에 엎드려 살아온 민초

긍휼한 생각이 깊어 뿌리를 내리고
말동무 꼬부랑 할머니 찾아오면
선뜻한 새 방석처럼 받쳐주는 배려
골짜기 주름 사이사이로 행복이 흐르고

느낌도 모르고 앉아서 지켜온 그만큼만
저녁밥상에 올라온 특별한 입맛에
아내에게 느끼는 감사한 마음이 커질 쯤
입안에 깨달음이 가득 번지던 것을!

개나리

긴 줄 걸어 경고등 켜둔 너는
봄을 싣고 로켓 차량들 몰려와
주차장에서 잠 못 든 눈곱 떼고
입술 쭈뼛대며 화장을 고치고

아직 이불을 개지 못한
게으른 나무들
어사 행렬에 호들갑 떨고
바람은 구름을 밀어 말이 없다

너는 꽃으로 봄을 품었지만
꽃은 너를 안아주지 못했구나!

개화

그리움이

기다림으로

근육을 키워

'응애'하는

순간

마침표가

되었다.

거리의 악사

길을 버리고
따스한 식탁을 버리고
너부러진 거친 모습
눈물을 삼킨
삶은 달걀마저
외면한 삶
쉼표를 찍지 못하고
한 조각 자존심으로
일그러진 자유에 봉사하는
소유하지 못한
너의 설렘은
허공에 음표를
달고 날아다닌다.

바다에게

육지의 변비를
강물로 품어 내린 너는
섬들의 고독과 눈물을
자장가 만들고
짜라투스트라가 아니더라도
불굴의 의지를 등대 세워
너의 행복을 불 켜야 하겠지

세파에 밀려 버려진
너의 계몽은 더더욱 너그럽고
아무도 돌보지 않는 삶이라고
생각한 저 멀리
어느 부자의 성금으로 취득한
금화 박힌 감자 한 자루일 뿐
기어코 너의 희생은 무한하고

신세 진 산과 섬들이 한사코
막아선 천지사방도 알아주었으면!

네가 있어

통나무 한 토막
도형도
책상 다리도
아니다

'너를 사랑해'라는
문장은
의미도
표현도
없다

내가 사람인 것은
네가 있어
의미이고
쓰임 또한 생겼다.

2

지각한 첫눈

섬 2

오죽하랴
저 섬

붉은 입술로
차가운 몸을 덥혀도
그림자를 열기로 삭히는
세월의 고문을 참아내고
어둠이 깊은 바다에
취한 몸살이 와서
밤새도록 울었다

먼동에 깜짝
눈물을 여미고
서둘러 배낭에
비단으로 고이
접어둔 하얀 이빨
다시 들어 올린 바다
너를 향한 눈빛은
어둠이 무색하다

슬픔인지 기쁨인지

이 많은 세월에
일렁이는 음률들
너는 알고 있지.

섬 10

할 일들은 쇳덩이
어깨에
폭포로 쏟아지고

새악시 버선발에
소식은 망망대해
갑옷으로 갈아입고
호령하고픈
파도의 위로를 만나
어린 생명들 보듬고
눈물짓는다

둥근 한숨 들이쉬고
허들(huddle)하는 펭귄들
단호한 방패에
화살은 동반자일 뿐
잠 못 이룬
등대에게
변명도 못 한 채
지켜온 절개를 펼치는
아니무스(animus) 섬.

섬 19

울컥하는 파도
바람을 잠재우면
감성돔 전복 새우들
술에 취해 훌훌 벗고
투전판에 정신 팔고
구경나온 해초들이
쇳물 끓는 용광로

달래는 외로움
먹구름 헤집고
몸살 하는 달빛에 차마
숨어서 피는 사랑
품어 안는 모성
슬피 울던 풀잎에
몰래 떨어진
선홍빛 동백꽃.

섬 77

바람의 기합소리로
근육을 단련해 온 너는
눈비에 흠뻑 젖어서도
날갯죽지에 병아리 품고
물위에 은빛 비늘 퍼덕여야
긴 한숨을 몰아쉬었겠지

어둠이 충전한 에너지를
갈매기들에게 나누어주고
큰 등으로 만들어준 휴식에도
조바심은 부딪치는
파도만큼 아프게 바빴다지

너의 굳센 팔뚝과 혈기로
열심히 치솟아 외쳐대도
자유로 헐렁한 수평선은
거꾸로 서서 보는 세상이
그리운가보다.

학위수여식 날

어둠이 절벽으로
방울져 떨어져
달콤한
입술 터지고
발바닥 벗겨진
세월을 굽이돌아
흐르는 강물은
산맥을 이루어
메아리치며 간다.

도서관 앞 벤치

꿈과 미래
소실점이

까르르
까르르

교복 입은
여학생들.

인도 위에 비둘기

비둘기 이삭줍기에 바쁘다
위풍당당한 신사가 지나가고
범상치 않는 귀부인이 다가온 들
학생들은 올라가고
짐 보따리 아줌마가 내려온 들
무서워하지도
구별하지도 않는다
다만
떨어진 작은 희망만을 쪼을 뿐…

지각한 첫눈

아름다운 날들
꿈으로 껴안고
긴 밤을 기다렸다
웬만한 칼바람쯤은
벅차오른 서곡일 뿐

너저분한 셋방
시집 장가들어
뉴욕거리
하늘 높은 집에
삶의 무게로
새끼손가락 걸고 내린
나목의 가지 끝에서
혼수상태를 모면하고
등허리 굽어서
말라가는 젖을 준다

네온사인 밝아서
내리지 못한 첫눈
애달픈 목련 꽃싹에
소복소복 얹힐 뿐.

입춘

깊은 겨울 숙영지
침낭에서 만난다
몸을 데우고 깨어난
참 가벼운 기분은
얼음물 되어 흐르고
찬바람에 풀어놓은
나무들의 아우성으로
계절은 귀를 쫑긋 거린다.

눈 내린 뒤

신혼여행 귀갓길
문밖에 쌓인 눈
싸리 빗질 바쁘다

조바심 달고 온
해님의 비웃음에
사랑의 추억마저
상처로 간직한 채
절규하는 눈사람
풋대죽 시간위에
남은 낭만을 지키는
찬바람 피리소리
가득하고

아랑곳 않고 뒤덥힌
텃밭에 매화나무
꽃망울만 말똥말똥.

생일

두려움이

기쁨을

절벽 만들어

세상에 나왔다고

울음 알린 날.

봄 처녀

고귀한 슬픔으로 먼 하늘을
바라보는 국화꽃 하얀 풀섶
정성껏 보자기에 접어 두고

울타리 양지바른 기운 받아
대지를 향하여 기지개 펴는
개울물 노란 부리 드러내어

산새들 햇살 물어와 집짓는
기쁨과 행복이 바람 되어
한복집 문지방에 활짝 웃는 벚꽃.

뜰 안 봄비

봄비는 조용히 내려
참새들 어깨 흔들어
잠을 깨우고

배냇저고리 벗은 아기 천사
목욕하는 물소리에
대지 가득 젖을 불려서

뜰에 초목들 미사포 쓰고
고개 숙여 기도드리는 시간
천진스럽게 키득거리는
개나리 매화 산수유

내 몸에 한 방울 봄비는
흰 줄로 흘러내려
가마솥 누른지를 긁어내고 있다.

환기

바람이

그림자 되어

거울 속에서

온갖 익살을

부리다가

그만

잃어버린

내 자신.

봄기운

얼굴은 까칠해지고
딱딱해진 생각들로
깡마른 다리 절뚝대며

동강난 몸뚱이 만지는
익살스러운 봄비

아직 살아있다는 꼼지락에
속눈썹 빗자루로
겨우내 쌓인 먼지를 털어
판도라 상자에 묻어두고

심장에 실 바늘 꽂아
생기를 돋은 초목들
운동복 갈아입고
마당으로 우르르.

카페라테

벽이 하얀 카페
창안으로 훔쳐보는
목련 꽃봉오리들

눈은 시려오고
시어는 보일 듯 말 듯
숨바꼭질하고

춘심에 홀딱 빠져
온통 심장이 흔들리는
카페라테 한 잔.

설거지

양수로 가득 찬 자궁에서
침수의 세례의식으로
슬픔을 녹여내고는
'한 잔의 술을 마시고
우리는 버지니아 울프의
생애와 목마를 타고 떠난
숙녀에 대한 이야기'를
달가닥 달가닥
다시 읊조리는 그릇들.

매화

문풍지 서러운 기다림
반짇고리 열어서
구름비단 펼쳐 놓고
달빛으로 주름잡아

바람무늬 만들어
가난한 나뭇가지

아기웃음 몽실몽실
기별에 깜짝 놀라
버선발로 맞이하던

산뜻한 아침 손님.

사랑

애타는 바람소리
나목의 외침

무지개 타고
아늑한 향기로
강물은 흐르고

연개소문도
세종대왕도
각설이도

풀잎의 이슬로
비는 내리고

언제나
허공에
펄럭이는
뫼비우스 띠.

겨울산행

어느 나그네
시지푸스 걸음으로
산장너머
산을 오르더이다

젊은 날 풍요로움으로
늙어서 더욱 멋스런 억새
거렁뱅이 허수아비 되고
초점 잃고 서성이는
잡목들이 가엾더이다

기다림으로
침묵하는 너덜바위들
숨소리 죽여 가며
하늘 훔쳐보려는
나약한 풀섶들
나그네 머리를 비질하는
기세등등한 나무들도
여기 저기 서 있더이다

불협화음 바람소리

잔설들의 아우성
나그네는
고개를 돌려 오던 길을
바라보고 있더이다

지나온 길에
마주쳤던 형상들
저미는 아픔으로
아련해지고
그대는 화석으로
남고 싶었으리라

살바람으로 시린 햇살
미소 지으며
묵언하며 기다리는
임의 모습
문득!

나그네는
겨울산속으로
교향악단 지휘자처럼
길을 헤치며 가더이다.

아지랑이

넉넉한 가슴으로
살포시 다가와
듬직한 산등성이
껴안아주더니

허리에
오묘한 미소 지으며
웅크리고 앉아서

허약한 도시와
시간위에서
윈드셔핑을 즐기는
사람들을 바라보다가

머뭇
머뭇
사라지더라니.

아이러니

아기는 젖을 빨기 위해
산을 오른다
어른은 건물을 사기 위해
기를 쓰고
산을 오른다

어지러움도 모른 채
고개를 치켜 올리고
숨을 할딱거리며

높이
높이
더 높이

삶을 달려다니는
죽음의 경쟁.

백목련

소담한 뜰아래
숨소리 고르며
수줍은 새 아씨
나목의 교태는
흰 속살 드리우고
하늘 한 복판에
꽃 춤이 너울거린다

시간의 수레를 타고
가슴 조이며
힘겹게 넘어온
저 언덕을
바라보는 황홀함

분에 배인 몸 내음
머금은 미소
농염한 자태가
자못 성스럽다

하늘가에
하얀 풍선되어

행복은 눈물을 타고
방울방울 날아오른다.

새벽열차

시장을 보따리에 싸서
열차를 타는 아낙들
사랑하며 살기 위해
열차를 타야 하는
가슴 아픈 젊은이들

떠오르는 태양보다
바삐 가야만 하는 새벽열차
시간의 수레를
저마다 희망과 의미로
벅차게 질주한다

불확실성의 두려움
젊은 날 축제에서 오는
아리는 추억
더딘 움직임...

남은 여정은 짧고 서글퍼도
노을의 아름다움에 기대어
배낭을 고쳐 메고
노신사는 바쁜 걸음으로
새벽열차에 오른다.

사진

조그만 상자 공간 어디에
자유롭게 쌓여 노는 것들

땟국 물 개구쟁이
폼 잡는 나들이
뭉클한 혼인식

시간을
깍두기 조각내어
소금으로 저장 한다

단층으로 이어진 삶
세월을 붙잡고
화롯불에 다독인다.

도랑물과 아이들

아이들이 집과 들이 가까운 도랑가에서 놀고 있습니다
태양은 파아란 하늘, 작은 곤충들, 들판의
곡식과 제법 어울려 보입니다
아이들은 도랑물을 희롱하면서 무언가를 찾고 있습니다
그림 같은 어린 시절은 정직한 풍경화입니다
도랑물의 근원은 플라스틱 호스였습니다
물은 농부의 의도대로 갈 길을 가야 합니다
아이들은 호스 구멍을 들여다보면서 깔깔거리다가
구멍을 막아보려고 무진 애씁니다
막으려 할수록 물살은 거세게 반항합니다
마침내 구멍은 더 이상 반항하지 않습니다
한참 후 아이들은 호스 구멍을 서서히 터놓고 봅니다
물살은 힘이 빠져 솟구칠 힘을 포기한 모양입니다
의아한 아이들이 호스를 거슬러 탐험을 합니다
돌담 곁 옆구리가 터진 호스 물을 만나
어느 마당까지 흐르고 있습니다
마당에는 고추, 깨, 나물들이 집단으로 자라고 있습니다
물은 주인 할머니의 주름살 도랑을 흐르고 흐릅니다.

3

문틈 구멍으로

화순 장터

텃밭에서
과수원에서
바닷가 포구에서
땀방울로 영근 작품들

사랑과 정성이
반복은 새로움으로
다름은 다름으로
사람과 사람에게

땅 틈새로
짐을 나르는 개미도
작은 꽃으로
피어나고 싶겠지

피고 핀 꽃들은
가슴조이며
내일을 기다리는
그늘진 길섶에서라도
꽃이 되어 바쁘다.

징검다리

벗겨진 등허리에 밟혀
묘수를 찾는
책사들의 바둑알
여인의 단추 속에
역사는 흐르고

고향 찾아가는 긴 열차
희 노 애 락 애 오 욕
칸칸이 가득 싣고서

은하수 서글피 울어도
세월은 여전히 건너간다.

황룡강 꽃밭에서

저마다 다른 악기로 피어난
강물의 연주는 느리고 곱다
주름주름 살결에 서리 내리고
감춰진 사랑이 수증기로 피어나면
땀구멍 하나하나 솟아나는 정열
흠뻑 비라도 내릴 참인가

생명이 꽃으로 오는 시간은
대자연의 황홀한 연출이 아니라
한 아름 사랑을 부름으로 흐르는 것

강물 위에 피어난 꽃들과
유령이 된 고통과 아픔으로
우리는 지금 심연을 만나는 시간
형용사가 동사 되는 기적으로
나는 꽃이다 너도 꽃이다.

아침안개

가로수 나뭇잎
지난밤 가쁜 숨으로
나쁜 기운 뿜어내고
안개의 살풀이로
악몽의 죽음을 뚫고
아침 기상나팔은
싱싱하고 상쾌하다

아침 안개는
밤새 내내 모아둔
몹쓸 것들을 싣고서
짐수레 끄는 노인은
산을 오른다

염려스런 눈빛으로
오는 길 되돌아보며
쉬엄쉬엄 산을 넘는다.

가을 연극

탱고 추는 코스모스
성자가 된 알곡들
비단옷 벗는 나무들

오묘한 조명
물찬 배우들의 연기
연극은 절정에 오르고
골 붉은 열매처럼
신비는 불타고 있다

이제 내용은 비워지지만
생각은 골똘히 채워진다

두 손 잡은 청춘들의 연기
적막을 감치며 멧새가 난다.

물안개

철새들 떼 지어 고향 그리듯
신비한 춤사위로
피어오르는 요정들

무슨 일을 하다 말고
하늘로 오르는 걸까
출근하는 샐러리맨처럼
서두르고 서두른다

신의 소명을 받은 전령사로서
간밤의 세상사를 보고하려는 걸까

천상의 생활이 재미없어
몰래
마실 왔다 놀아가는 걸까

벌 받은 시지푸스처럼
햇살의 채찍을 맞아가며
나뭇잎 사이사이로
구름위로 출근하는 것인가.

놀이터에서

바지랑대 잡고
숨바꼭질 하는
고추잠자리들

멈춰진 시간 속에
준혁이 원준이랑
깊이 잠들어도

꿈꾸는 저들을
깨우지 말아다오.

*준혁이와 원준은 유치원 다닌 외손자들.

한 바퀴

태양도 한 바퀴
땅도 한 바퀴
운동장도 한 바퀴
운명도 한 바퀴
시작이고 끝일 텐데

둘은 하나의 연속일 뿐
시계바늘 돌 듯
한 바퀴 돌고 돈다

초침이 세상을
한 바퀴 돌아도
분침은 아직…
우주 한 바퀴 돌아오는 중.

은행나무 아래서

노란 은행잎들
상처 난 대지에
진한 사랑을 견딘다

바람이 차가울수록
개나리, 산수유, 수선화…
노란 분신으로
따뜻한 희망을 부른다

사색이 깊을수록 생기가 돌고
책갈피에 은행잎 끼우며
밤샘하며 찾아 나선
괴테, 지드, 릴케, 단테…
삶속에 노란 책갈피가 있다

사랑이 깊을수록 아롱진 밀어들
금실비단에 아픔을 가두고
간직한 고운사랑
찬서리 같은 침묵을 감싼다

병들고 메마른 자들이여

치유의 선물을 나누고 오라
브라스 밴드 마차는
노란 꽃잎을 날리며
해탈한 겨울 속으로 걸어간다.

봉숭아꽃 당신

바지랑대 세워
반짝 별이 된 당신
수줍어 소담스럽다

시공을 넘어
어머니의 어머니
딸아이의 딸...
사랑으로
애환을 보듬고
가족에
민족에
전설로 이어온
여인이 있다

늘 낮은 자세
지고지순 하고
자유분방한 절제로
가슴속에 괴인 눈물
인고하며
임을 만나는 순간
톡 터뜨리고 만다.

아침 햇살

아침 햇살이 창문을 두드린다
너무 피곤한 탓인지
꿈속에서 몸이 무겁다
간밤 유령들에게 시달린 나무들
맺힌 눈물 훔치지 못한 풀잎들
생긋 거리며 기지개를 편다

천사의 그림자가 악마로 변신하고
잉태의 몸부림이 환희로 바뀌고
이별의 슬픔은 사랑으로 피어
환희는 고통과 상처를 안고
분수 물처럼 솟아 올리는

촘촘하게 엉킨 장벽을 뚫고
아침 햇살은 따스한 미소로
한 아름 꽃다발로

쓰지 못하고 번뇌하는 시인에게
복잡한 현상이 거미줄보다
폐부를 찌르는 화살로 와서
신음하는 아침이 화사하다.

문틈 구멍으로

해는 문틈 구멍으로
회전판 같은
하루를 돌아 나와
뭇 생명을 무두질하고
신방을 문구멍 내어
인류 역사를 본다지만

벌레들이 지나는 틈새로
내밀한 세상을 깔깔 거리는

감은 한 쪽 눈에
다른 눈을 감아야
문틈 구멍에 달빛이 돋는 걸
심호흡 한 번의 세상을 느끼고
들여다본 우주를 돌아 나와
세상은 정녕 눈 감은 소용돌인가!?

음악 감상

선율은
내 어두운 심연에
숲속 나무들 사이
소리로 핀 꽃이
햇살로 들어온다

저녁 준비하는
아내의 신바람
엄마 품에 안기는
귀여운 아이들
귀가 눈이 된다

돋보이는 소리를
아름답게 하는
작은 것들의 배려로
소나무 잎사귀에
하얀 꽃망울 목련이
붕대처럼 늘어진다.

대원사 벚꽃 길

대원사 가는 길
벚꽃들이 홍타령 중이다
퇴적의 세월
현상의 전설 속에
봄바람이 피어올린 꽃
마냥 순결하다

사랑의 신비와 황홀감에
너울대는 꽃바람
봄볕에 피어난 사랑의 화신인가
차라리 너무도 슬퍼서
정신 줄 놓아버린
순백의 춤사위인가
아기천사들의 재롱인가

천상에 오르는 넋을 위한
긴 씻김굿 행렬일까
아픈 상처로 고통 받고
슬픈 악몽에 시달리는
중생들을 위로하는 축제일까

시샘에 아랑곳하지 않고
밝은 웃음만을 맞이하는
순결한 영혼들이여!
대원사에 당도하면 알 수 있을까

붉고 화려한 꽃으로
피어나지 못했어도
이곳에서 잘 지내고 있노라고
시절인연으로 피어난 거라고.

* 대원사는 전남 보성 천봉산에 위치한 조계종 사찰로 태아신령을 모시는 곳이다. 들어가는 6km의 입구는 봄이면 벚꽃으로 유명하다.

소낙비

찜통더위 날리는 소리
난타 공연이 따로 없다
흙먼지 잡는 소리
개선 행진곡이다
라디오 티비 한숨소리
매연 미세먼지도
두려움에 떨고 있다

주룩 주룩
후두둑 후두둑
우르릉 꽝
총소리 요란하다

갈겨대는 총소리
산천초목들은 신난다
무서움과 흥겨움이
개울물로 흐른다

단벌 옷 젖을까 봐
처마 밑 나그네
자루 우산 생각으로
안절부절 못 하고 있다.

4

그저 침묵으로

그저 침묵으로

세상의 무게를 온몸으로
지탱하며 낯가림 없이
봉사하는 충직한 신발
아무 때 어느 곳이라도
간다는 여행이
부러울 수만 있으랴!

구정물 피고름이 범벅이고
돌 깡패에 채인 척박한
살점이 문드러져 나가도
살얼음 칼바람이 위협을 해도
등을 문질러 헤쳐 가는
불굴의 모습이 위대하다

멋지게 폼 내는
생일 만찬에 참석해서도
문 밖에서 겸손하게 기다리며
돌덩이 무게로 짓밟혀도
태연한 모습이 존경스럽다

환희의 눈물과 황홀함이

강물로 흐르는 곳에서도
찢어지는 고통과 광경에도
무표정한 침묵이 대견스럽다

그저 침묵으로
가장 낮은 곳에서
가장 높은 것을 실현하는
성자의 음성이여.

겨울 나그네

삭풍이 나들이한
나뭇가지 위에
쑥새 몇 마리 앉아
고개를 갸우뚱한다

사포의 모진 문지름으로
불편한 아름다움을 응시하며
솔 껍질 같은 손등이 맷돌 돌려
얼음장도 녹인 어머니의 지성이
하늘하늘 흰 눈꽃으로 날린다

태동하는 신비는 모래알을
잘게 씹어 단물로 마시고
고이 잠든 표출하지 못한
답답해도 배려하는 힘겨운 날들을
헐렁한 여유가 무심코 차갑다

앙증스런 천사들 몸짓에
한시름 건너는 무지개다리
푸르른 희망과 성공의 결실
화석이 된 나날의 발자취여

심연에 가둔 텅 빈 광야를
어디까지 다짐하고 헤맬 것인가.

삐짐

막힌 곳 돌고
더 돌아서
물은 부드럽고
어둡고 낮은 곳으로

세찬 모욕과 불의에도
방황을 위로하고
사랑을 모범하면서
나침반으로 재는
너그러운 어머니의
가르침이 흐른다

추운 겨울 어느 날
악동들은 얼음이
꽁꽁 얼었다고!
해님과 함께
쑥스러운 듯
부끄러운 듯
뛰어 갔더니
한사코
얼굴만 붉히더라.

이름으로

이름에 이름을 붙이고
세상은 이름으로 돌아간다
이름이 이름으로 불러질 때
이름은 숨을 쉬고 사랑이 되고
그 사랑이 카인과 아벨을
머릿속 가득 잉태 했지만....

건강

나는 쓰레기다
비바람에도 반응 못하고
버려지지도 못한 물건일 뿐
생명이 함께 할 때만
임을 위해서
산을 오른다

눈보라도 아름답고
찌든 더위도 고맙다
힘들게 걷고 오르는 만큼
더 선명한 임의 얼굴
익어가는 사랑은
삶의 강으로 흐른다

나에게 주어진 생명은
임의 사랑이지만…
다시 폐인이 되어
깨닫지 못한
임의 지극한 사랑
허망을 찾던
어지러운 날들

바람 불어
아우성치는 초목들
앙증맞은
작은 새들의 날갯짓
임의 꾸짖음으로 새롭게
임 찾아 길을 걷고
산을 오른다
오늘도 내일도.

겨울비

시원함과 고마움
서운함이 추적추적
겨울비로 내린다

아랫목은 전설처럼
아득하고
마구간 소는
난해한 색상에 마춰되어
날렵한 포크질에
활보하는 군상들

소복소복 정성스럽게
쌓이는 장독대는
갈 곳 잃어 차라리
매화나무에 생을 내민다

아~
슬픔이 봄을 재촉하누나.

차라리

숨바꼭질로
엉키고 성킨 실타래
손끝의 짜증은
심란하고 목덜미는
콘크리트 덩어리
함지박 넓은 우주 공간
아무리 휘저어도
침상에 누어 그저
그림자를 이별하지 못한
자아의 슬픈 사연
사념의 멍에를 끌고
허우적거리는 세포들
차라리
칀바람 맞는 모습으로
뒷산을 오르리랏다

공룡이 나타났다

땅이 침상이고
하늘이 천장이던 집에서
자유롭게 살았다지
순박한 이빨과
강렬한 근시안으로
미련스럽게 뛰다녔다지
그러고도 행복하게

기호로 남겨진 생의 흔적
엄청난 위용과 힘으로
산소호흡을 하고서
어마 무시한 공룡들이
사욕에 찬 이빨과
이글거리는 눈으로
교활하게 질주 하는

공룡이 나타났다!
청바지를 입고서....

세상사 이렇듯

다툼이 많을수록
삶은 함지박
관계는 실타래
세상사 이렇듯…
삶의 파노라마
사각형이 동그라미로

삶은 우주이고
다툼은 구분
관계는 초월수라면
등대 같은 공식 하나
만들 수 없을까!?

시골 돌담길

대문 돌담사이에
어린 꿈을 저장하고
식구들 잔소리에
얼른 우물가로 나와
돌담에 깃든 아침 햇살
구슬을 세며
동무들 보듬고
바람개비 달린다

대지의 고통과
바다의 슬픔으로
밀려오는 바람을 품어 안고
굳건하게 버텨온 장수인가
굽이치는 선이 그린 명화
감상하는 예술가일까
온화한 미소로 차가운 이치
일러주신 할아버지 선생님

전설을 들려주며
옹기종기 초가집들 보듬고
하늘박 타래 넝쿨 아니 죽어

껴안고 있는 돌담사랑
정처 없는 나그네 사념
돌담으로 쌓여
역사를 보듬고 눈물겹다.

주암 호수는

벚꽃송이 떨리는 입술로
아지랑이 어지러운 만화경
푸르른 소낙비에
새악시 수줍은 배롱나무

얼굴 붉혀 기다리던
만산홍엽 기구한 인생길
긴 머리 흰 수염 수도자의
모습 간직한 채

거울이 된 하늘을
젖이 불어 애끓은 모정
우러르고 있다
기다리고 있다.

잡념

일찍 아침 뒷산을 오르니
기지개 펴는 초목들

찬 기운 가르고
조잘대는 산새소리에

헐떡거리는 아가미는
콧구멍으로 뽑아낸
안단테.

오수

균형의 활기는
넋을 잃고
물고기만 한가롭다
탁자 위 컴퓨터
서가에서 긴장한 책들
창문을 바삐 드나든
산들바람까지도
실의에 젖어 있다

강태공 없는 호수
축배의 잔은 채워지고
열광하는 갈채 속에
소심한 주인공
교향악은 장엄하고

채권자의 전화 벨
치열한 싸움
차라리
목마름으로
고문을 받고 싶다

천근만근 두 눈
어둠이 빛나는
깊은 바다 속으로
한없이
끝없이.

창포 사랑

여러 해를 연마해서
당당한 검투사로 태어나
임 그리워 봄앓이 하는
귀부인의 농염한 자태를
겨냥한 칼날은
상시로 번뜩이고 날카롭다

봄바람에 투사의 가슴은
녹아내리는데
흩트림 없이 칼을 세워
듬직하게 서 있는 운명들
봄날의 앞가슴은 터질 듯
칼집에 숨은 사랑
풀빛으로 꺼내어

5월 연못가를 찾은 여심
훔치러 온 검투사는
노란 연서가 꽃핀 연못에
종이배 띄우며 속앓이 한다

온 몸이 저리도록 사모하는

절절한 검투사의 사랑은
연거푸 향수로 뿌려지고
여인은 바람 따라 오래 걷는다.

잿빛 하늘

어두운 표정으로
나들이한 바람
가야금 줄 위
긴장한
징소리 울린다

햇살 채찍에
멍이 든 나무들
갈무리된
먼지로 날리고
눈곱만큼이라도
작은 희망
기다리고 있다.

명절 귀향

고향을 향한
몸뚱이는
피사의 탑이다

풍악소리 없는
미디어의 잔소리
자동차 북적대는 소란

얼싸안고 웃는 부모님
주름 너름새 펴는
소리 들리는

고지가 바로 저긴데
폭포를 넘어야하는
연어의 본능을 굴린다.

동이 튼다

산 너머 바다 건너
어둠과 싸우고
만신창이 된 몸
일으켜 세우고 있다

환호하는 초목들
산 아래 긴 터널을
통과하는 순간
긴장된 바다를
방울방울 응시하고

떨어지는 병마에서
죽을힘을 다하여
일어난 여린 생명
맞이한 천사들의
주검에서 번개처럼

스쳐가는 것
세상은 신비로 채우고
닭 울음 잉태한
어둠을 갉아먹고

사랑이 익을 때까지
등은 굽고
동이 튼다
승리자의 기폭에.

흙이 된 당신

너를 빼고 우리 모두는
이름을 날리고 있지
그 귀한 이름에 간혹
너의 몰골을 보면
내동댕이치고 달려온
철모르는 아이와 함께
그 아이 엄마는 화를 냈었지

죽어야 사는 의로운 모습이
온갖 것 다 모아
너에게 힘든 이름 지어
누구도 모른 척하는
진실이지 그래도
어느 허접한 시인의 소리
지키고

아무도 모르는
낮은 곳에서
비옥한 흙이 되어
묵묵히 뻐를 묻고
무덤을 만드는 당신

너의 희생에서 피어난
만물은 아름답다

창밖에

온갖 것이
온갖 것으로
화가의 파편으로 빚어진다

분해되어 버린 형상
깨진 바가지의 절규가 시원하다

뾰쪽칼의 안락함으로
무질서한 굿판이 흥겹다

과욕과 부족의 열찬 앙상블은
임을 위한 행진곡이고

하늘이 땅이 되어
뭉게구름으로 떠간다

창으로 들어오는 병원
나는 수술대위에 잠이 든다.

상사화

피멍이든 불타는 열정
아픔을 토해내는 듯
당당함을 외치는 듯
모두 두 주먹 불끈 든다

길은 같아도
동행하지 못하면
이별이 그리움으로
불타오르는 걸까
지나가는 바람이
흔들어 물어 본다

멈추려 듯 날개 치는 산새들
풀 속 작은 벌레들
질수하는 시긴
핏물로 꽃이 피어
저마다 하늘로 흐른다

애타는 하늘마음
붉은 호수 위에
노를 젓는
슬픈 바람의 일인가.

노을강

저기 노을강이 흐른다
다툼으로 찾아낸 사랑 깊은
소나무, 제비꽃, 채송화...
이름 모르는 얼굴들이
소월의 꽃
강물에 젖어 피었다

강물이 덤불을 지나다가
진주 가재잡이로
종이배를 띄우고
땀과 염려가 범벅이 된 달빛에
손빨래하는 순이를 기다렸던가

강물에 바이킹호를 띄우고
하숙집 외로운 골방에서
유럽, 아프리카를 여행하였고
충장로 금남로에서
사랑을 목 놓아 외쳐대던가

보이는 광경은
흙탕물 얼룩진 빌딩과 아파트에

불륜과 사기로 앙탈 대는 사람들
노을강에 올망졸망 아름답다

노을강 위로 떠나가는 종이배
무슨 사연들을 싣고
무슨 낯빛으로 이곳에 불탈까.

꽃가루

사랑만 할 수 있다면
사랑만 줄 수 있다면
빗자루의 무식함에도
창호지가 구정물에 젖어도
어느 때 어디서나
아랑곳하지 않으리

진실이 아닌 거짓이라도
어느 날 밤 무분별하게
쏟아지는 별빛이
한줄기 샘물이 되듯이
그대 있음직한 곳에
낙수로 뿌리오니

봄볕에 호들갑 치는
열병이라 해도
모내기를 마친 농부에게
귀찮음으로
냉정한 이성으로
꾸짖어버리소서

그리워서
서러운 긴 한숨 거두고
최후의 만찬으로

그대를 맞이하는 그리움
만날 수 있는
환희로
바람은 오늘도 얌전하다.

작은 설날

설날보다 작은설이 행복한 고향이다. 객지에 살다가 부모 친척 품으로 귀향하는 벅차오름과 늘 보고픈 혈육의 사랑들이 성겨서 왈칵거리는 환희를 맛본다. 환갑을 넘긴 청년들이 걸어 놓은 '고향에 오신 여러분 환영합니다.'라는 멋쩍은 현수막 너머로 누구네 자녀 고시합격, 승진, 입사 등등 동구 밖을 푸짐하게 치장하고 우쭐대도 정겹다. 늙은 부모님들 골짜기처럼 깊은 주름은 달려드는 손자들의 재롱에 가을 들판이 눕고 반기는 웃음소리에 산새들 울음소리가 한 몫 거든다. 어둠에 적막한 고향집들은 하늘에서 잘 여문 별들이 한꺼번에 내려와 옹기종기 환하게 웃음 웃고 있다. 집집마다 별무리가 내려다보고 시끌작작 제법이다. 저녁밥 거르고 오는 딸 가족, 새벽에 도착한 작은 아들네, 삼촌 고모들… 늙으신 부모님의 품안은 한없이 드넓어서 두 팔 내어 세상을 보듬고도 남겠다. 별무리 속에 감도는 뜨거운 기쁨과 행복이 은하수로 흐르면 문득 어슴푸레한 별빛 하나가 쓸쓸히 내려온다. 평시에는 마을 노인들이 너나없이 찾아들고 부러워하는 노부부가 사는 집이다. 언덕위에 지은 집은 정갈하고 조용하다. 결혼한 외아들이 이국땅에서 똑똑하게 사는 자식 덕에 부러울 게 없다지만 집이 너무 커서 별빛으로는 밝아지지 않고 저문다. 별들은 좁은 공간에 모여 있을 때라야 제일 밝고 아름답던가보다.

제주 해변에 서서

해 맑은 쪽빛 바다
채우지 못한 욕망과 번뇌
온갖 잡동사니 오물들
엄마 품으로 품어서 일까

보아도 볼 수 없고
잡아도 잡을 수 없고
들어도 들을 수 없는
하나가 된 것인가
신성의 사랑 이런가

신비한 쪽빛 심연 속에
나는 갇혀버린다

파도는 무아를 흔들어
드넓은 하늘을 본다
곱디고운 쪽빛 바다!
바다 좋아하는 당신에게
쪽빛 옷 한 벌 사주고 싶다.

흘러가는 구름

하늘 높이 꿈은
구름을 타고
어디론가 가고 있다

뒷산 동굴 속에 가득 찬
전설을 풀어서 노래를 만들고
고향생각에 아픈 상처를
위로하며 말을 달린다

흰 쌀밥에 간고등어 올라온
한상 차림으로
수많은 산 넘고 강 건너
낡고 닳아진 신발 갈아 신고
떠나고 떠나는 여행이다

해야 하는 일들은
밝아서 보이지 않고
어둠을 기다려야 할 것 같다
찾고 찾아서 길을 간다

구름이 머무는 곳

한편의 시 마지막 줄
마침표이겠지.

12월 달력

너는 수많은 사연을
과거에 가두고
못 다한 미련을
다잡고 있구나
우리는 다시 배낭을
챙겨서
넘겨진 지난 삶은
다독이기에 바빴구나
그래도
뒤돌아 보이는 걸 어쩌랴!
매 장마다 빼곡한 일정들이
쭉정이로 남아서
알곡은 있어도 사랑을
담지 못한 무정란 같다
너의 여정이
경이롭다지만
이제는
새로운 달력을
또 하나 걸어야겠지
사랑을 채운 마음의 달력.

|평설|

풍경과 인간, 그 소실점으로의 여정
-이남근 시집 『바람이 그림자 되어』 독법

김 종
(시인, 화가)

필립 휠라이트에 기대면 문학에서 언어는 알려지지 않은 존재나 예측되지 않은 국면들을 새롭게 창조하여 열어 보이는 일이라고 한다. 이런 국면들이 가능하려면 시인이나 작가의 독창적인 통찰력을 필요로 한다. 뿐만 아니라 시인이 구사한 언어는 이와 유사한 투시력과 통찰력 위에 분류될 수 없을 뿐 아니라 서정성에 민감한 독자들의 반응을 환기할 수 있어야 한다고 보았다. 밀란 쿤데라 또한 자아가 위축되지 않고 그 체적을 간직하기 위해서는 화분에 물을 주듯 추억에 물을 주어야 하고, 물주는 추억은 과거의 증인인 친구들과의 규칙적인 접촉에 기인한다고 보았다.

봄을 앓으면서 읽은 뱃길 위의 푸른 주름들

그런 면에서 이남근 시인과 필자는 오랜 세월을 추억에 물을 주는 사이로 지냈던 것 같다. 우리 두 사람은 살아온 시간의 길이는 물론이거니와 그 깊이 또한 오롯하여 샘물이 솟아날 정도로 인연이 깊다.

그런 이남근 시인이 시집 원고를 들고 왔다. 이남근 시인은 평생직장인 대학에서는 언어학을 가르친 교수였다. 그가 평소에 보인 존재에 대한 통찰력이나 언어적 감성과 서정성을 가깝게 지켜본 필자로서는 그것들을 그냥 덮어버리기에는 아깝다고 생각했었다. 그런데 강의하는 틈틈이 병행한 시 창작이 웬걸? 시집을 내고도 남을 분량이 된 것이다. 받아든 원고 뭉치는 듬직해 보였고 그들 작품과의 조우가 마냥 반갑고 설렜다.

나이가 많아지면서 흔히들 인생 후반기를 어떻게 지내야할 것인가를 말하곤 하는데 이남근 시인의 오늘의 시 창작이 그 질문에 답하는 한 모습이 아닐까 싶다. 일별한 작품들은 이남근 시인이 그동안 풀어내고 싶었던 세상의 이런저런 이야기를 그 나름의 예리한 통찰력과 투시력을 더해 다양한 언어로 서정화 하였다는 점에서 분명 반추하기에 충분했다. 크게 축하하는 마음을 전하고 문단이라는 무대에서 한 식구로 만난 것 또한 기쁘게 생각한다.

"봄은 왔지만 봄 같지가 않다." 이 말이 요즘처럼 실감되는 때도 없는 것 같다. 전한 시대의 왕소군과 관련한 이 시구는 절세의 미인이었으나 화친정책으로 흉노왕에게 시집을 간 중원(中原)의 한 여자가 처한 불운을 함의(含意)하고 있다. 그녀를 두고 동방규는 이렇게 읊었다. "호지무화초 춘래불사춘(胡地無花草 春來不似春)/오랑캐 땅에 꽃과 풀이 없으니 봄이 와도 봄 같지가 않겠네." 초원지대가 드넓은 흉노의 땅에서 돌아갈 수 없는 고향을 마냥 그리워했을 왕소군의 심정을 동방규가 대신 노래한 것으로, 흉노 땅에서도 시절은 변하여 봄을 맞았건만 아무래도 고향 땅의 봄 같지가 않겠다고 고향 그리는 심정적 사무침을 애절하게 읊고 있다.

너나없이 해괴한 봄을 앓는 요즈음이 언제까지 이어질지는 알 수가 없다. 코로나19가 출현하고부터 뭉치면 죽고 흩어져야 살 수 있다는 시니시즘적 아포리즘마저 실감나게 한다. 꽃샘추위는 간헐적으로 반복될 것이고 이 같은 상황에서 우리는 도래하는 봄을 만나 자연의 이치 앞에 기지개를 켜고 희망을 심호흡하는 것처럼 이남근 시인의 서정적 통찰력에 기대어 독자로서 수렴한 언어적 반응을 크게도 작게도 펼쳐갈 것이다.

평설(評說)은 평론가라는 이름의 다소 훈련된 독자가 읽어가는 작품에 대한 일종의 해설 여행이다. 작품은 저마다 요철과 광협과 장단이 있을 것이다. 이 같은 작품적 지리는 그들 작품이 지닌 독창성에도 기인하는 것으로 전편을 독서하고 작품마다 시인이 담은 생각(통찰력)들이 무엇일까를 살피는 일이다. 그것들이 품고 있는 나름의 의미망은 어떤 형태로 피어나는가를 궁구하면서 새삼스럽게도 작품을 해설하고 펼치는 과정에서 평론가는 창작의 바다에다 그물을 치고 고기를 잡는 한 사람의 어부라는 생각이 들었다. 어부는 바다에서 고기를 잡는 사람임에도 바다의 모든 고기를 잡아내는 것은 아니다. 필자 또한 이남근 시인의 작품에서 얼마간의 작품만을 중심으로 우리들의 관심사에 진입하려 한다.

뾰족산이 된 섬
공룡알이 아이러니가 되다
귀양 중 풍광에 취한 고산은
어부사시사를 국어책에 선물하고
우암은 부동자세의 절벽에
글씐바위를 세우고
운명 같은 보길도에서
진을 치던 봄이
남녘 호수를 술잔처럼 띄웠다

뱃길에 굽이치는 푸른 주름들
그 너름새를 헤엄쳐 온 나그네
오가지도 못한
섬들의 외로움이
동백꽃으로 피어난
보길도에서
가슴 가슴 수평선이 된 나는
파도소리 부르며 누워 있었다.

-「보길도에서」 전문

작품을 읽기 전에 지명 유래로 본 보길도는 이렇다. 영암의 한 부자가 길지(吉地)에 부모를 모시기 위해 유명 지관(地官)과 함께 산천을 두루 살폈는데 지관이 "십용십일구보길(十用十一口甫吉)"이라는 글귀를 남겼다. 말인즉 "섬에 11곳의 명당 중 열 곳은 이미 사용되었고 남은 한 곳은 '보길'이라" 하였다. 완도항에서 12km나 떨어졌고 해안선의 길이가 41km에 이르는 보길도는 세상과 등지기로 결심한 고산 윤선도(1587~1671) 가 제주도를 향해 가다가 태풍을 만나 보길도 황원포에 상륙했고 이곳의 풍광에 반해 눌러 앉았다. 고산은 이후 황원포를 18번이나 찾았고 세연정, 낙서재 등 건물 25동을 짓고 한자연(閑自然)의 전원생활을 즐겼으며 대표작인 「어부사시사」도 이곳에서 창작했다.

고산의 정적(政敵)이던 우암 송시열(1607~1689)은 기사환국이 일어나 서인이 축출되고 남인이 재집권할 때 세자책봉의 소(疏)를 올렸다가 83세의 노구로 제주로 귀양 가던 중 그 역시 풍랑을 만나 보길도 선백리에 정박했다. 이때 그가 쓴 "83세의 늙은 몸이/거칠고 먼 바닷길을 가노라"로 시작되는 한시는 보길도 선백리에 새겨졌고 작품 속의 '글씐바위'는 바로 이 시가 담긴 바위다.

작품에서 읽은 두 분의 인물은 이쯤으로도 이해의 폭이 커졌을 것이다. 그리고 "운명 같은 보길도에서/진을 치던 봄이/남녘 호수를 술잔처럼 띄웠다"는 낭만성이 넘실거리는 문장을 중심으로 작품을 읽는다. 아시는 것처럼 보길도는 이 나라 국문학사에서 최고의 시인으로 평가되는 고산 윤선도 선생이 만년을 보금자리 삼아 명시를 생산하던 파라다이스다. 이 섬에서 봄이 진을 치고 남녘 호수를 술잔처럼 띄웠다는 시인의 표현은 그 자체로 너끈한 풍류성이 되기에 충분하다. 특히나 이 작품의 시작에서 '뾰족산'과 '공룡알'은 대비적 의미로 읽히고 이 같은 자연의 아이러니 앞에서 귀양 중에도 취한 자연의 풍광을 시로 빚었던 고산은 이 나라 언어를 심미적으로 절차탁마한 최고의 시인이었다.

보길도에서 귀양살이하는 세월에 고산은 나라의 군왕보다도 더한 호사를 누린 셈이었다. 우암은 정암 조광조와 더불어 이 나라 조선을 유교의 나라로 만든 장본인이다. 선비의 나라인 우리의 학자 중 성씨에다 '자(子)'자를 붙인 유일한 분이었고 역사상 가장 방대한 문집인 『송자대전(宋子大典)』을 남긴 미증유의 인물이 우암이다. 이 같은 처지에서 국어책에 실린 「어부사시사」나 부동자세의 절벽에 세워진 '글씐바위'는 두루 보길도의 풍치를 더 더욱 눈부시게 하는 대상물들이다.

"뱃길에 굽이치는 푸른 주름들"을 너름새 삼아 피어난 동백꽃을 상상해보라. '섬들의 외로움'이 얼마나 간절하면 이처럼 새빨갛게 고운 꽃을 피워 바다를 가득 밝혀놨을까. 그 어름에서 파도소리를 부르며 가슴 가슴 수평선으로 누워있는 시적화자를 통해 시인은 보길도에서 독자를 향해 계속해서 해풍에 깃폭이 날리듯 음표를 띄우는 중이다. 그곳에서 시인은 '오가지도 못한' 절벽의식을 드러내지만 콧노래가 흥얼거려지는 것은 웬일일까.

내 안에 친구
큰 눈알 굴린다
큰 덩치에
노을 진 동화 속
주인공 되어
동트는 배고픔
세상을 달관한 듯
작은 요정들의 노래
어둠타고 내려와

길 잃었을까
노로로 나가는 꿈을
노심초사 살피는
황금이라서
황소인 것…

벽속에 갇힌
작별한 친구
그리움도 망각한
빛을 등지고
아니 좁쌀만 한,
시간가는 줄 모른 채
노인은
덩치만큼 덩실한
시간 속의
황소 앞에
가물거리는
하나의 소실점이다.

-「아뜨리에 황소」 전문

소실점(消失點)은 평행한 두 직선이 멀리 가서 한 점에서 만난 것처럼 보이는 점이다. 소실은 '사라질 소'와 '잃을 실'이 합쳐진 단어다. 즉 소실점은 어쩌면 우리네 삶의 상징적 마침표다. 「아뜨리에 황소」는 제목부터가 흥미롭다. 이 작품을 감상하는 데는 필요한 것들이 전제되어 있다. 먼저 '큰 눈알 굴리'는 '내 안의 친구'는 고스란히 '황소'를 의미하는 말이겠다. 그리고 황소에서 '세상을 달관한 듯' 어둠을 타고 내려온 '작은 요정들의 노래'를 듣다가 길을 잃었다는 표현은 현실 속의 환상이다. 그 다음,

"황금이라서/황소인 것"이 무엇을 의미하는가가 궁금해진다. 누루황자(黃)를 통해 객관적상관물인 황금과 황소를 동일시한 것도 기발하다. 앞에서 말한 것처럼 이남근 시인은 존재에 대한 뛰어난 통찰력을 보여주고 있다.

산새 울음소리도 반가움 알리는 신호 같기만

동화 속 주인공 · 작은 요정 · 길 잃음 · 도로로 나가는 꿈 · 황금 · 황소 · 노인 · 소실점이라는 연상을 통해 존재의 행로가 대하소설 같은 흐름인데도 시 한 편에 압축되어 있다. 벽 속에 갇힌 친구를 만나고 빛을 등진 그리움을 거쳐서 진입한 "덩치만큼 덩실한 시간"은 황소와의 시간을 의미할 듯하고 작품의 마무리에 들어 시인은 "시간 속의/황소 앞에/가물거리는/하나의 소실점"을 드러낸다. 요컨대 사라지면서 멀어져간 소실점 위에 아련한 그리움으로 자신을 돋을무늬처럼 새겨간다는 의미이겠다.

작품을 읽다가 '황소라서 황금', '덩치만큼 덩실한' 등의 표현들을 접하였고 이남근 시인의 남다른 투시력을 생각하게 된다. 그리고 노을 진 동화 속에서는 주인공이 되고(유년) 동트는 배고픔에 세상을 달관하고 작은 요정들의 노래 소리를 체험하는 것이다.(청년) 그러면서 어둠을 타고 도로로 나가는 꿈을 노심초사하며 살피니(중년) 황금이라서 황소가 된 경지에 든 것이다.(노년) 시적화자는 어느새 시간가는 줄 모르는 노인이 되어 어쩌면 가벼운 치매라도 걸렸을 법한 시간에 놓였다. 시간은 여전히 덩치만큼 덩실한 황소이건만 시간 앞에 좁쌀만 해진 노인은 가물거리는 소실점으로 어느새 사라질 시점에 도달한 것이다.

설날보다 작은설이 행복한 고향이다. 객지에 살다가 부모 친척 품으로 귀향하는 벅차오름과 늘 보고픈 혈육의 사랑들이 성겨서 왈칵거리는 환희를 맛본다. 환갑을 넘긴 청년들이 걸어 놓은 '고향에 오신 여러분 환영합니다.'라는 멋쩍은 현수막 너머로 누구네 자녀 고시합격, 승진, 입사 등등 동구 밖을 푸짐하게 치장하고 우쭐대도 정겹다. 늙은 부모님들 골짜기처럼 깊은 주름은 달려드는 손자들의 재롱에 가을 들판이 눕고 반기는 웃음소리에 산새들 울음소리가 한 몫 거든다. 어둠에 적막한 고향집들은 하늘에서 잘 여문 별들이 한꺼번에 내려와 옹기종기 환하게 웃음 웃고 있다. 집집마다 별무리가 내려다보고 시끌작작 제법이다. 저녁밥 거르고 오는 딸 가족, 새벽에 도착한 작은 아들네, 삼촌 고모들… 늙으신 부모님의 품안은 한없이 드넓어서 두 팔 내어 세상을 보듬고도 남겠다. 별무리 속에 감도는 뜨거운 기쁨과 행복이 은하수로 흐르면 문득 어슴푸레한 별빛 하나가 쓸쓸히 내려온다. 평시에는 마을 노인들이 너나없이 찾아들고 부러워하는 노부부가 사는 집이다. 언덕위에 지은 집은 정갈하고 조용하다. 결혼한 외아들이 이국땅에서 넉넉하게 사는 자식 덕에 부러울 게 없다지만 집이 너무 커서 별빛으로는 밝아지지 않고 저문다. 별들은 좁은 공간에 모여 있을 때라야 제일 밝고 아름답던가보다.

-「작은 설날」 전문

제목으로 읽은 '작은 설날'은 '까치설날'로 불리는 것을 전제한다. 그리고 우리가 어린 날 불렀던 "까치 까치 설날은 어저께고요 우리 우리 설날은 오늘이래요.…" 이

노래 속에는 손꼽아 기다리던 우리들의 아련한 그리움 속의 설날이 숨 쉬고 있다. 우리는 설 하루 전날을 '작은 설날'이라 불렀다. 그리고 명절날인 설보다는 작은 설날을 즐기는 측면이 있었다. 크리스마스이브도 이 같은 선상의 생각이라면 이해가 빠를 것이다. 이쯤에서 추억되는 것은 설 전날 장에서 돌아온 부모님의 장봇짐의 내용이 그리도 궁금했던 것이다.

위의 작품 「작은 설날」에서도 이 같은 장면들이 선명한 영상처럼 지나간다. 이남근 시인도 회상하지만 "설날보다 작은설이 행복한 고향"이라고 했다. 설날은 객지에 흩어졌던 혈육들이 '왈칵거리는 환희를 맛'보며 부모 친척 품으로 돌아오는 날이다. 이제 고향의 풍경은 환갑을 넘겨도 '청년'이라고 불릴 만큼 모두가 늙어가고 나이가 들었다. "자녀 고시합격, 승진, 입사 등등"이 동네방네 대단한 자랑거리가 되고 명절을 맞은 마을 입구에는 '고향에 오신 여러분 환영합니다.'라는 환영 플랫카드가 손쳐 부르듯 귀향객을 맞는다.

가실을 끝낸 들판이나 청아한 겨울 산새들의 울음소리도 마찬가지로 반가움을 알리는 신호 같기만 하다. 고층건물이 용립한 도심가에서 생활하는 현대인에게는 잘 여문 하늘의 별무리가 한꺼번에 반짝이는 적막 속의 고향집이 그리도 간절할 수가 없다. 집집마다 "저녁밥 거르고 오는 딸 가족, 새벽에 도착한 작은 아들네, 삼촌 고모들… 늙으신 부모님의 품안"을 바리바리 짐 싸들고 찾아드는 모습은 세상을 보듬고도 남을 만큼의 넉넉함이 있다. 어느 집의 경사가 알려지면 그 집 마당에 모여서 내 집 경사처럼 기뻐해주고 축하하던 인정 만점의 고향풍경만큼 아름다운 세상이 어디에 또 있겠는가. 모처럼 5일 징치럼 시끌작작한 시골집은 너른 마당도 좁게만 느껴지고 "제일 밝고 아름답던" 것을 화롯불처럼 따뜻하게 간직하던 참으로 간절한 시간이 아니었던가.

「작은 설날」을 읽으면서 설 명절이 지닌 의미심장한 이유가 가깝게 다가왔다. 명절이면 사람들은 너나없이 고향으로 향한다. 잘난 사람도 못난 사람도 빈부(貧富)도 가리지 않고 저마다 선물꾸러미를 들고 고향으로 향하던 시간보다 가뿐한 발걸음이 있을까. 사실 우리에게 '설날'은 그 어떤 명절보다 의미가 각별하다. '신정'이다 '구정'이다 구분지어 양력 설날만을 쉬어주면서 일방적으로 밀어붙였건만 '소 닭 보듯 하고' 우리 고유의 명절인 음력 설날이면 거대한 강물이 흐르듯 3천만 명이 움직이네, 4천만 명이 움직이네 하면서 이동하는 그 도도한 물길은 그 누구도 거스를 수가 없었던 것이다. 무려 이 같은 일이 100년을 지나고서야 되찾은 명절이 오늘의 '설날'이다. 설날이 고향 그리는 이들로 붐비는 것은 그 곳에 부모님이 계시다는 것이 그 이유의 전부가 아니던가. 이 지점에서 새삼 반추되는 것은 '고향'이 지닌 그 의미적 간절함이다. 무엇이 고향인가. 왜 고향인가. 고향은 어떤 곳인가. 이제 고향은 천국가기보다 어렵다고 말한 작가도 있지만 고향은 다름 아닌 어머니가 살았거나 살고 계신 곳이라는 데에 함께 동의할 것이다.

한편 이 작품에서 "별무리 속에 감도는 뜨거운 기쁨과 행복이 은하수로 흐르면 문득 어슴푸레한 별빛 하나가 쓸쓸히 내려온다. 평시에는 마을 노인들이 너나없이 찾아들고 부러워하는 노부부가 사는 집이다. 언덕위에 지은 집은 정갈하고 조용하다. 결혼한 외아들이 이국땅에서 똑똑하게 사는 자식 덕에 부러울 게 없다지만 집이 너무 커서 별빛으로는 밝아지지 않고 저문다. 별들은 좁은 공간에 모여 있을 때라야 제일 밝고 아름답던가보다." 부분만 따로 떼어서 한 작품을 만들어도 독립 작품이 될 만하다. 새삼 해설을 붙이지 않아도 읽으면서 이해되는 소통이 완벽한 작품이다. 특히 "별들은 좁은 공간에 모여 있을 때라야 제일 밝고 아름답던가보다." 이 부분이 절창이다. 이남근 시인의 「작은 설날」은 그런 의미에서 음미할 것이 많은 작품이었다.

온갖 것이
온갖 것이
화가의 파편으로 빚어진다

분해되어 나타난 형상들
깨진 바가지의 절규가 시원하다

뾰족 칼의 안락함으로
무질서한 굿판이 흥겹다

과욕과 부족의 열찬 앙상블은
'임을 위한 행진곡'이고

하늘이 땅이 하나 되어
뭉게구름으로 떠간다

창으로 들어오는 햇빛들
나는 수술대에 누워 잠이 든다.

-「창밖에」 전문

'온갖 것'을 두 번이나 되풀이하면서 '화가의 파편'을 강조한 작품이다. 그러면서 '분해되어 나타난' 창밖의 풍경을 "화가의 파편으로 빚어진" 형상들이라고 하였다. 창밖의 풍경들은 더 이어지면서 "깨진 바가지의 절규"마저 시원하다는 표현을 보여주고 "뾰족 칼의 안락함"과 "무질서한 굿판이 흥겹다"고 했다. 이 무슨 말인가. 이는 다름 아닌 "하늘이 땅이 하나 되어/뭉게구름으로 떠"가면서 '임을 위한 행진곡'을 불러들이고 풍경에서 역사를 만들어 "과욕과 부족의 열찬 앙상블"이라고 노래한다. 그때 화사하기 그지없는 "창으로 들어오는 햇빛들"이 있었다. 그리고 그 풍경의 일부처럼 화자인 '나'는 "수술대에 누워 잠이 든다."고 했다. 창밖은 이렇듯 온갖 것이 풍경이 되고 사건이 되고 화가의 파편으로 조립되면서 하늘땅이 되고 천연스럽게 뭉게구름 되어 떠가는 하늘의 광경인 것을 느낄 수 있다.

작품의 진행에서 창으로 들어오는 햇빛들이 마냥 화사하게 느껴지는 자리에 왠지 T.S 엘리엇의 「황무지」의 한 부분인 "추억과 욕망을 섞으며, 봄비로 생기 없는 뿌리를 깨우는" 자연과 인간의 혼융이 영상처럼 스쳐간다. 실지 그렇다고 여겨지는 것은 이 작품의 전반적인 흐름이 난장에 펼쳐진 굿판을 보는 것처럼 어수선하고 파편적이지만 그러면서도 역동성이 느껴진다. 그리고 '임을 위한 행진곡'에서는 광주민중항쟁의 역사적인 사건이 실루엣처럼 겹쳐지고 창으로 들어오는 햇빛들이 참 화사하다고 여길 쯤 엉뚱하게도 수술대에 누워서 시적화자는 잠이 든다. 이 수술대는 어쩌면 일상의 시적화자의 침대일 수도 있겠다. 그러나 화자는 굳이 수술대라고 명명했었다. 왜일까?

수술대를 시의 포인트로 잡고 예의 시인의 통찰력과 투시력을 대비하면 시가 명확하게 보인다. 화가는 의사다. 화가의 파편은 수술칼이다. 수술칼에 의해 분해된 장기들이 통증으로부터 놓여나서 깨진 바가지의 절규처럼 시원해진다. 수술칼에 의해 치료되는 과정은 무질서한 굿판처럼 어지러우나 치료되리라는 기대로 안락하고 흥겹다. 자신만만한 집도의(執刀醫)의 콧노래가 들려오는 듯한 대목이다. 과욕과 부족의 열찬 앙상블은 권력에 눈이 먼 군부독재의 과욕과 부족한 민주주의를 쟁취하기 위한 광주항쟁의 대립이다. 결국 이 모든 것이, 하늘땅이 하나되어 뭉게구름으로 떠가는 세상의 이치인 것이다. 창으로 들어오는 햇빛들은 치유의 상징이고 나는 비로소 편해져서 수술대에 누워 잠이 든다는 것이다.

삭풍이 나들이한
나뭇가지 위에
쑥새 몇 마리 앉아

고개를 갸우뚱한다

사포의 모진 문지름으로
불편한 아름다움을 응시하며
솔 껍질 같은 손등이 맷돌 돌려
얼음장도 녹인 어머니의 지성이
하늘하늘 흰 눈꽃으로 날린다

태동하는 신비는 모래알을
잘게 씹어 단물로 마시고
고이 잠든 표출하지 못한
답답해도 배려하는 힘겨운 날들을
헐렁한 여유가 무심코 차갑다

앙증스런 천사들 몸짓에
한시름 건너는 무지개다리
푸르른 희망과 성공의 결실
화석이 된 나날의 발자취여
심연에 가둔 텅 빈 광야를
어디까지 다짐하고 헤맬 것인가

-「겨울 나그네」 전문

작품의 시작부터 "쑥새 몇 마리 앉아/고개를 갸우뚱" 한 나뭇가지가 삭풍의 나들이와 만나면서 작품은 의외성을 회복한다. 「겨울 나그네」라는 제목이 암시한 시적 의도는 '하늘하늘 흰 눈꽃으로 날'리고 '답답해도 배려하는 힘겨운 날들을' '어디까지 다짐하고 헤맬 것인가'를 느끼는 일이다.

난장에서 상의를 벗고 더위를 잊고자 한 풍속

지금 나그네 앞에 놓인 계절은 '겨울'이다. 허지만 겨울은 소월의 시구처럼 갈, 봄, 여름을 거쳐 이르른 계절이다. 화자가 나그네로 행장을 꾸린 것은 "불편한 아름다움을 응시하며/솔 껍질 같은 손등이 맷돌 돌"리거나 "얼음장도 녹인 어머니의 지성"을 전제하지만 신비의 태동을 위해 모래알도 "잘게 씹어 단물로 마"신 시간들의 간섭이다. 답답해도 '힘겨운 날들'을 어찌 배려할 것인가를 사유하면서 '헐렁한 여유'도 무심코 지나치지 않은 이 작품에서 '앙징스런 천사들 몸짓'이나 '한시름 건너는 무지개다리'를 '푸르른 희망과 성공의 결실' 위에 마주하게 된다.

'나그네'란 다름 아닌 "낯선 남자 어른을 예스럽게 이르는 말"이거나 "자기 고장을 떠나 다른 곳에 잠시 머물거나 떠도는 사람"을 의미한다. 그러나 정작 이 같은 의미와 작품의 여러 장면들이 도달한 자리에는 '나날의 발자취'를 화석처럼 지나치며 "심연에 가둔 텅 빈 광야를/어디까지 다짐하고 헤맬 것인가"가 선문답처럼 위치한다.

여러 해를 연마해서
당당한 검투사로 태어나
임 그리워 봄앓이 하는
귀부인의 농염한 자태를
겨냥한 칼날은
상시로 번뜩이고 날카롭다

봄바람에 투사의 가슴은

녹아내리는데
흩트림 없이 칼을 세워
듬직하게 서 있는 운명들
봄날의 앓가슴은 터질 듯
칼집에 숨은 사랑
풀빛으로 꺼내어

5월 연못가를 찾은 여심
훔치러 온 검투사는
노란 연서가 꽃핀 연못에
종이배 띄우며 속앓이 한다

온 몸이 저리도록 사모하는
절절한 검투사의 사랑은
연거푸 향수로 뿌려지고
여인은 바람 따라 오래 걷는다.

-「창포 사랑」 전문

'창포'는 오월단오와 관련된 사물이다. 그리고 "임 그리워 봄앓이 하는" 사랑의 서사가 한껏 떠오르는 작품이다. 이어지는 구절에 "귀부인의 농염한 자태"를 읽으면서 지나간 시대의 일이지만 창포물에 머리감던 행위 자체가 여염집 여인네는 생각지도 어렵지 않았을까 싶고 그럼에도 시인은「창포 사랑」에다 자신의 지나간 시절의 광경을 시적 정감으로 노래한다.

작품에서 '당당한 검투사'와 '귀부인의 농염'이 등장한다. 이는 중세 유럽에서 유행하던 "남녀 사이의 사랑 이야기"인 로맨스를 떠올리는 표현들이다. 대개의 경우 로맨스는 기사와 귀부인이 출현하고 고통이 개입하지 않은 전기적이고 공상적인 애정담이거나 무용담이었다. 모르긴 해도 이남근 시인이 공부한 서양문학속의 서사를 우리네 풍속에다 접목한 작품이 위의 「창포 사랑」은 아닐까. 그러니까 '칼날'이나 '칼집' "흩트림 없이 칼을 세워/듬직하게 서 있는 운명들" 따위는 '칼집에 숨은 사랑'이나 "5월 연못가를 찾은 여심/훔치러 온 검투사", "온 몸이 저리도록 사모하는/절절한 검투사의 사랑", "연거푸 향수로 뿌려지고" 등등이 우리네 지난 시절의 사랑과는 사뭇 다른 여러 장면의 사랑들을 특별한 심정으로 읽어가게 한다. 작품의 전개나 내용이 조금은 낯설지만 이 같은 무대와 인물의 관계 설정이 이남근 시인이라야 구성할 수 있는 언어적 개연성이 널리 숨 쉬고 있다.

'창포 사랑'은 더도 덜도 아닌 단원 김홍도나 혜원 신윤복 등의 회화 속의 풍경들이 머리에 그려지고 궁금한 시적 의미망이 이어진다. 우리는 그걸 검투사와 귀부인으로 설정된 서양 로맨스의 한 사례처럼 읽은 셈이다. 화가들의 풍속도에서 접할 수 있는 부인네들의 창포 이야기는 남녀 어린이들이 창포탕에서 세수를 하고 홍색과 녹색의 새 옷을 갈아입는 데서 시작한다. 그런가 하면 창포의 뿌리를 깎아 비녀를 만들 때 수(壽)자나 복(福)자를 새기고 그 끝에 연지를 발라 머리에 꽂았다. 그로 하여 재액을 물리쳤고 이를 단오장이라 하였다. …또 단오에 창포와 쑥을 다듬어 작은 인형이나 혹 호로모양을 만들어 차는 것을 액을 물리치는 것이라 하기도 하였다.

음력오월은 요즘으로 치면 6월쯤의 절기이니 상당히 디운 초여름의 날씨가 연상된다. 계절처럼 무성한 창포의 절기이고 여인네들은 물이 어우러진 난장에 나와 상의를 벗은 상태로 더위를 잊고자 행한 이 같은 풍속이 어찌 아련하지 않았겠는가. 단오절은 절기상으로는 덥기를 할까 춥기를 할까 더없이 좋은 계절이고 추위를 벗고 양광이 불 지핀 계절이 로맨스적 서사로 치환한 「창포 사랑」은 그런 의미에서 독서하는 맛이 자별하다.

단오 이전에는 못 먹는 풀이 없다 할 만큼 우리네 산천은 두루 식용과 약용에 적합한 초본 식물이 널려있었다. 실지로도 우리네 밥상은 이를 증명이라도 하듯 눈으로 보면 꽃이 아닌 것이 없고 성분상으로는 약이 아닌 것이 없다. 그걸 꽃상(床)과 약상(藥床)이라 하여 무리는 아닐 것이다. 배고프던 시절 쑥이나 나물들이 지천이던 것도 민초(民草)들이 흉년을 이길 수 있도록 마련된 비상식량 같았다는 말이 보다 적합할 것이다.

육지의 변비를
강물로 품어 내린 너는
섬들의 고독과 눈물을
자장가 만들고
짜라투스트라가 아니더라도
불굴의 의지를 등대 세워
너의 행복을 불 켜야 하겠지

세파에 밀려 버려진
너의 계몽은 더더욱 너그럽고

아무도 돌보지 않는 삶이라고
생각한 저 멀리
어느 부자의 성금으로 취득한
금화 박힌 감자 한 자루일 뿐
기어코 너의 희생은 무한하고

신세 진 산과 섬들이 한사코
막아선 천지사방도 알아주었으면!

-「바다에게」 전문

작품은 시작부터가 눈길을 끌기에 충분할 만큼 그 전개가 재미있다. 이 작품의 화자는 제3자적 위치에서 「바다에게」 메시지를 전하거나 무엇인가를 당부하는 내용으로 이루어져 있다. 그리고 '육지의 변비"를 "강물로 품어 내린 너"라고 하였을 때 이미 '너'는 '바다'를 의미한다는 결론을 얻는다. "섬들의 고독과 눈물을/자장가 만들"었다든지, "불굴의 의지를 등대 세워/너의 행복을 불 켜야 하겠"든지 등은 시상의 전개가 자못 유아스럽다는 느낌을 준다.

작품에서 '짜라투스트라'의 등장은 의외적인 것이 아니다. 독일의 철학자 니체 저서의 약칭이기도 한 짜라투스트라는 고대 페르시아의 조로아스터의 독일어 관용발음이며 존재의 숙성이 때로는 해원(海原)을 자연경험으로 이어나간 영겁회귀의 사상이다. 그리고 배경을 이루는 지중해적 풍경과 인간존재의 초인성에 초점을 맞춘 자각과 혁신에의 희구 또한 작품적 의도와 맞물려 있다.

여기에 이어진 '세파에 밀려 버려진' 너의 계몽은 더더욱 그렇다는 생각이다. 그리고 바다가 소년을 훈육하는 대목에선 육당의 신체시 「해에게서 소년에게」가 강하게 어필한다. 실지 대자연 상태의 바다는 "아무도 돌보지 않는 삶"일듯하고 '생각한 저 멀리'에 "기어코 너의 희생은 무한"하다는 대상이 위치하고 있다. 조금 표현이 구부러졌지만 시인이 묘사한 바다는 실제적 크기만큼의 모습을 노래했다는 점에서 "신세 진 산과 섬들이 한사코/막아선 천지사방" 어디에도 주름주름 굽이치며 노래하고 있음이다. 우리는 '한사코 막아선' 천지사방의 산과 섬들이 바다의 너른 품을 신세졌다는 의도에 비추어 바다가 지닌 '불굴의 의지'와 불 켜진 행복임을 살필 수 있었다.

바람의 기합소리로
근육을 단련한 너는
눈비에 흠뻑 젖어도
병아리처럼 날갯죽지에 품고
물위에 은빛 비늘을 퍼덕이며
기나긴 한숨을 몰아쉬곤 했지

어둠이 충전한 에너지로 앉아
비상하는 갈매기에게 나누어주고
차광막도 못 마련한 휴식에도
연신 부딪치는 조바심은
파도만큼 아프게 다가왔지

너의 군센 팔뚝과 혈기로
치솟은 가장자리를 외쳐대는 시간
짱짱한 수평선이 날개 펴는 자리

거꾸로 서서 바라보는 세상이
그래서 아득히 그리운가보다.

-「섬 77」 전문

위의 작품에서 '섬'은 의인화로 표현되어 있다. 그리고 '섬'은 "바람의 기합소리로/근육을 단련한" 강인함의 소유자로 드러난다. 눈비에 젖어도 날갯죽지에 병아리를 품어주는 어미닭처럼 은빛 비늘을 퍼덕이며 물위에 세월을 풀어놓고 한숨을 몰아쉬곤 하는 '섬'에 따뜻한 상상의 시간을 읽는다.

저마다 다른 악기로 피어난 강물

섬이 어둠을 충전한 에너지라면 이는 불빛의 또 다른 은유일 터이다. 그리고 그 불빛을 차광막 삼아 휴식처럼 마련한 바다 위의 시간은 연신 달려와 부딪치는 파도만큼 시인이 요량한 조바심의 시간처럼 아프게 다가왔던 것이다. 작품은 마무리에 들면서 "너의 굳센 팔뚝과 혈기"가 제시되고 "짱짱한 수평선이 날개 펴는 자리"에 도달한 활달한 언어가 자리한다. 바다에 떠서 일월과 맞상대한 '섬'의 침묵은 기실 외쳐대는 가장자리만의 시간이다. 그리고 인간과의 거리만큼 '섬'은 외로움에 익숙한 존재이고 "그래서 아득히 그리운가보다"라는 마무리를 읽는다.

깊은 겨울 숙영지
침낭에서 만난다

몸을 데우고 깨어난
참 가벼운 기분은
얼음물 되어 흐르고
찬바람에 풀어놓은
나무들의 아우성으로
계절은 귀를 쫑긋 거린다.

-「입춘」 전문

여전히 찬바람이 기승을 부리는 계절임에도 불구하고 입춘절은 봄을 맞는 설렘 또한 가득하다. 삼라만상은 한기의 시간에 지친 터라 봄이 그리울 것은 당연하다. 그리고 미처 다다르지 못한 양광의 시간은 설렘을 동반한 '귀를 쫑긋거리'게 하는 계절이 느껴진다. 한기 앞에 설렘을 풍경처럼 담은 작품이 「입춘」이고 그리도 무겁던 회색의 계절이 귀를 쫑긋거리는 "참 가벼운 기분"의 계절인 것을 읽은 것이다.

겨울 숙영지는 침낭처럼 깊숙한 칩거의 동굴이다. 화자는 이 동굴을 벗어나 서서히 만남의 시간에 다가간다. 입춘절은 '봄'이 몸을 세우는 시간이기는 해도 찬바람에 풀어놓은 아우성이 가득한 나무들의 한기가 "얼음물 되어 흐르"는 시간임을 수긍하리라.

깊은 곳에서 몸을 데우는 겨울 숙영지는 잠을 깬 듯한 참 가벼운 기분이 감지되지만 아직 찬바람에 몸을 맡긴 나무들의 아우성은 날 풀리는 소생의 시간을 쫑긋거리게 한다. 입춘은 대개의 경우 2월 4일경에 오는 절기이고 대문 양편에 "입춘대길 건양다경(立春大吉 建陽多慶)"이란 입춘방을 붙여 소원하던 봄맞이가 바로 입춘이다. 그러나 "입춘에 장독 깨진다"는 말도 있고 어둠 뒤에 아침이 오듯 입춘 무렵이 소한 대한보다 추웠던 기억들을 가지고 있다. 사계절이 뚜렷한 나라에서 우리는 겨울 뒤에 봄이 오는 것은 정한 이치임을 알고 있다. 허지만 우수 경칩이 와도 눈은 내렸고 매서웠던 꽃샘추위에 털오버를 다시 꺼내 입고 종종 걸음 치던 것을 왕왕이 겪은 터이다.

위의 작품에서 우리는 천국과 지옥을 오르내리는 만큼이나 현격한 계절에 "몸을 데우고 깨어난/참 가벼운 기분"이 "찬바람에 풀어놓은/나무들의 아우성"이 되어 입춘절의 변화를 '귀를 쫑긋'거리게 하는 계절감처럼 음미할 수 있었다.

저기 노을강이 흐른다
다툼으로 찾아낸 사랑 깊은
소나무, 제비꽃, 채송화…
이름 모르는 얼굴들이
소월의 꽃
강물에 젖어 피었다

강물이 덤불을 지나다가
진주 가재잡이로
종이배를 띄우고
땀과 염려가 범벅이 된 달빛에
손빨래하는 순이를 기다렸던가

강물에 바이킹호를 띄우고
하숙집 외로운 골방에서

유럽, 아프리카를 여행하였고
충장로 금남로에서
사랑을 목 놓아 외쳐대던가

보이는 광경은
흙탕물 얼룩진 빌딩과 아파트에
불륜과 사기로 앙탈 대는 사람들
노을강에 올망졸망 아름답다

노을강 위로 떠가는 종이배
무슨 사연들을 싣고
무슨 낯빛으로 이곳에 불탈까.

-「노을강」 전문

시인의 강은 강이기는 하되 저기 흐른다는 노을강이다. 왠지 황혼의 정서가 물씬 읽히는 이 작품에서 "다툼으로 찾아낸 사랑 깊은/소나무, 제비꽃, 채송화…" 등속이 이름 모를 얼굴을 하고 강물에 젖어서 꽃핀다고 했다. 너른 물면을 흐르는 강물은 통상적인 의미로도 "노을강 위로 떠가는" 종이배와 진배없겠고 덤불을 지날 때의 강물은 '바이킹호를 띄우'는 중이다. 그리 하숙집 골방처럼 외로운 곳에서 "땀과 염려가 범벅이 된 달빛에/손빨래하는 순이를 기다"리는 화자는 충장로나 금남로처럼 가깝거나 유럽이나 아프리카처럼 원지(遠地)를 향하여 "사랑을 목 놓아 외"치는 여정 위의 나그네였던 것이다. 조금 통속적이기는 하지만 생의 시간은 그대로 여정에 오른 시간에 진배없고 누구든 길가는 나그네와 동일하다 하지 않겠는가.

이제 시야에 든 광경은 아무래도 상관없다. 현실에서는

"흙탕물 얼룩진 빌딩과 아파트에/불륜과 사기로 앙탈 대는 사람들"로 북적인다. 그리고 세속의 현장이지만 노을 강에 비쳐 '올망졸망 아름답다'는 시인의 시야에는 '무슨 사연'인가를 싣고 떠가는 종이배가 등장한다. 그러면서 "무슨 낯빛으로 이곳에 불탈까"를 요량한 시인은 이쯤에서 작품의 꼬리를 사린다. 우리 사는 현실은 늘상 얼룩진 흙탕물 범벅이 되어도 대기 중의 산란효과처럼 투과, 반사, 굴절 등 여러 복합적인 현상들이 아름답게 어우러지는 경우이다. 달 탐사를 최초로 이룩한 닐 암스트롱이 달에서 지구로 향할 때 더없이 아름다운 푸른 공덩이를 보았다는 얘기는 잡다한 지구적 현상들이 복합적으로 어울리면 이 같은 풍경을 빚는 것은 아닐까.

저마다 다른 악기로 피어난
강물의 연주는 느리고 곱다
주름주름 살결에 서리 내리고
감춰진 사랑이 수증기로 피어나면
땀구멍 하나하나 솟아나는 정열
흠뻑 비라도 내릴 참인가

생명이 꽃으로 오는 시간은
대자연의 황홀한 연출이 아니라
한 아름 사랑을 부름으로 흐르는 것

강물 위에 피어난 꽃들과
유령이 된 고통과 아픔으로
우리는 지금 심연을 만나는 시간

형용사가 동사 되는 기적으로
나는 꽃이다 너도 꽃이다

-「황룡강 꽃밭에서」 전문

시인은 강물을 "저마다 다른 악기로 피어난" 연주라고 노래한다. 참 아름답다. 이 표현 하나만으로도 이남근 시인은 월척이라 할 만한 장원급 표현을 낚은 셈이다. 이후 세상 사물을 이만큼 노래하는 즐거움을 누린다면 가히 천상의 복을 누리는 시인이라 하여 무리는 아닐 것이다. 이어지면서 강물은 "주름주름 살결에 서리 내리고/감춰진 사랑이 수증기로 피어나"는 천상의 음악을 들려준다. 땀구멍마다 솟아나는 정열이 흠뻑 비를 내리고 "생명이 꽃으로 오는 시간"을 대자연의 황홀한 연출솜씨에서 찾고 한 아름의 사랑을 손쳐부르는 화자의 모습이 못내 선연하다.

이내 강물은 꽃밭이 된다. 그리고 "유령이 된 고통과 아픔으로" 만나는 심연을 되새김하고 있으니 이쯤에서 우리가 살아온 지난 시간들이 상상 중에 그려진다. 그러면서 한 무더기 꽃을 내밀 듯 시인은 " 형용사가 동사 되는 기적"을 발견한다. 이 지상의 사물들을 향하여 거대한 일을 선언하듯 "나는 꽃이다 너도 꽃이다"를 외친다. 이남근 시인으로 하여 황룡강이 누리는 호사가 이만저만한 것이 아니다.

작품을 조금만 유심히 독서한 독자는 느끼겠지만 이 시에서 시인이 누리는 언어적 위의가 절로 실감된다. 실인즉 시인에게 언어만 주면 시인은 그 순간부터 어마 무시한 능력자로 바뀌고 세상 사물을 자신의 솜씨대로 요

리하는 권력자가 되는 것을 확인할 수 있다. 생각해 보라. 시인이 현실에서 누리는 재화(財貨)적 부피는 보잘 것 없을지 모른다. 그러나 그가 누리는 사통팔달한 언어적 권능이 어느 정도인가는 설명이 필요치 않다.

「황룡강 꽃밭에서」는 강의 둔치에 조성된 실재의 꽃밭을 노래한 것이 아니다. 강물이 제 스스로 꽃으로 와서 고통과 아픔 따위는 유령처럼 흘려버리고 '우리'를 심연처럼 만나면서 형용사가 동사가 되게 하는 기적을 보여준다. 아뿔싸, 아름다운 지고. 시인 이남근은 이 한 작품으로도 장히 행복하겠다.

탱고 추는 코스모스
성자가 된 알곡들
비단옷 벗은 나무들

오묘한 조명
물찬 배우들의 연기
연극은 절정에 오르고
골 붉은 열매처럼
신비는 불타고 있다

이제 내용은 비워지지만
생각은 골똘히 채워진다
두 손 잡은 청춘들의 연기
적막을 감치며 멧새가 난다.

-「가을 연극」 전문

"적막을 감치며 멧새가" 나는 「가을 연극」은 실루엣처럼

"탱고 추는 코스모스"가 되어 흔들리는 몸에서 리듬을 만들고 "성자가 된 알곡들"과 "비단옷 벗은 나무들"을 전진 배치한다. "오묘한 조명"과 "물찬 배우들의 연기"가 계속해서 가을의 절정을 짓는다. 그리고 골 붉은 열매처럼 계절의 신비가 산천마다 현란한 다비식을 치르는 것 같다.

하루를 돌아 나와 적막을 감치다

이 모든 것이 계절을 가을답게 분장한다. 그리고 성자처럼 드러난 알곡들과 해탈의 시간을 맞아 제 몸을 불태운 원채색의 계절은 나신(裸身)으로 세상에 나서기 위해 그 아름답던 비단옷도 벗고 춥고 매운 시련의 모습으로 임립(林立)할 것이니 이 모두가 조물주의 연출로 이뤄진 한편의 연극이라는 것이 이남근 시인의 시선이다.

이 작품에서 우리가 읽어야 할 것은 '가을'은 조락(凋落)으로 모든 것을 내려놓은 빈 몸의 계절이고 거듭 내용 또한 비우겠지만 "생각은 골똘히 채워진다"는 것이다. 여기에서 "두 손 잡은 청춘들의 연기"는 이내 사라지고 그 나음에 '적막을 감치며' 멧새가 날았다는 시적 재치를 읽는다. 시인의 눈에 비친 이 같은 현상들을 연극이라고 보는 시인은 자신도 분장한 한 사람의 '물찬 배우'가 되고 신비로 불타는 골 붉은 열매로 열리지 않겠는가.

사랑이 깊을수록 아롱진 밀어들
금실비단에 아픔을 가두고
간직한 고운사랑
찬서리 같은 침묵을 감싼다

병들고 메마른 자들이여
치유의 선물을 나누고 오라
브라스 밴드 마차는
노란 꽃잎을 날리며
해탈한 겨울 속으로 걸어간다.
「은행나무 아래서」일부

감은 한 쪽 눈에
다른 눈을 감아야
문틈 구멍에 달빛이 도는 걸
심호흡 한 번의 세상을 느끼고
들여다본 우주를 돌아 나와
세상은 정녕 눈 감은 소용돌인가!?
-「문틈 구멍으로」 일부

상당한 관찰안을 투입하여 두 작품을 읽어보자. 가을에 들어서는 입구에서 은행나무 노란 잎은 계절이 지닌 고유의 표정이다. 그리고 바람이 차가울수록 딸랑딸랑 손을 흔드는 저 노란 머리 머리가 이른 봄의 영상과 겹치는 것을 인지하리라. 작품에서도 "개나리, 산수유, 수선화…/노란 분신으로/따뜻한 희망을 부른다"고 하였다. 그런가 하면 은행잎이 천지사방을 노랗게 물들이는 '가을' 또한 "책갈피마다에 은행잎 끼우며" 밤늦도록 사색에 잠겨들 만하다.

거기에다 천고마비의 계절이다 보니 무언가를 찾아내기 위해 책갈피가 노란색으로 변할 때까지 우리는 줄기줄창 "괴테, 지드, 릴케, 단테…" 등을 읽었던 것이다. 금실비단에 감친 아픔에다 무서리가 내리는 계절에 '간직한 고운사랑'이 아롱진 밀어로 감싸는 시간은 "병들고 메마른 자들"도 불러내고 "치유의 선물을 나누고 오라"고 할만하다. 그러면서 "노란 꽃잎을 날리며/해탈한 겨울 속으로 걸어"들어간 '브라스 밴드 마차는' 어디까지 달려갈 것인가를 반복 음미하게 한다.

「문틈 구멍으로」는 "신방을 문구멍 내어/인류 역사를 본다"는 것이 이 작품이 드러낸 주제문 같다. 그리고 "회전문 같은/하루를 돌아 나와" 문구멍을 낸 신방에서 인류 역사를 보는 방향성에서는 반대이다. 그러니까 밖에서 안을 보는 것이 아니라 안에서 밖을 보는 '내밀한 세상'에의 깔깔거림, 바로 이게 "벌레들이 지나는 틈새"에서 벌어진 일이었다. '감은 한 쪽 눈'과 감은 '다른 눈'으로 "문틈 구멍에 달빛이 돋는 걸" 느낀다고 했다. 그러면서 심호흡 한 번으로 들여다 본 우주는 한마디로 "세상은 정녕 눈 감은 소용돌이"에 모아지는 것을 볼 수 있다.

바람이

그림자 되어

기울 속에서

온갖 익살을

부리다가

그만

잃어버린

내 자신.

-「환기」 전문

무실체가 실체로 바뀌는 현상이 "바람이/ 그림자 되"는 일은 아니었을까. 그리고 "거울 속에서/온갖 익살을/부리"거나 짧은 톤으로 읽다가 문득 필자의 시선에 아른거리는 것은 거울을 통해 자신의 이런저런 모습을 연기해 보이는 화자의 모습이 어른거린다. 제목으로 읽은 '환기'는 "주의나 여론, 생각 따위를 불러일으킴"으로 되어 있다. 그리고 '환기'를 "그만/잃어버린/내 자신"이라 마무리 하였으니 일종의 선문답을 읽은 셈이다. 이 작품에서 시인이 잃어버렸다는 또 다른 자신이 「환기」임을 감안하면 시인이 의도한 작품적 표정은 명쾌한 설명을 넘어 작품이 함유한 직핍한 철학성이 다가온다.

작품의 시작인 "바람이/그림자 되어/거울 속에서/온갖 익살을/부리다가"는 되풀이 읽으면서 물리지 않는 절창이라는 생각이다. 짧은 시 한 편으로도 이리 긴 이야기를 함유할 수 있으니 시인은 그래서 행복한가 보다.

아이들이 집과 들이 가까운 도랑가에서 놀고 있습니다
태양은 파아란 하늘, 작은 곤충들, 들판의
곡식과 제법 어울려 보입니다
아이들은 도랑물을 희롱하면서 무언가를 찾고 있습니다
그림 같은 어린 시절은 정직한 풍경화입니다
도랑물의 근원은 플라스틱 호스였습니다
물은 농부의 의도대로 갈 길을 가야 합니다
아이들은 호스 구멍을 들여다보면서 깔깔거리다가
구멍을 막아보려고 무진 애를 씁니다
막으려 할수록 물살은 거세게 반항합니다
마침내 구멍은 더 이상 반항하지 않습니다

한참 후 아이들은 호스 구멍을 서서히 터놓고 봅니다
물살은 힘이 빠져 솟구칠 힘을 포기한 모양입니다
의아한 아이들이 호스를 거슬러 탐험을 합니다
돌담 곁 옆구리가 터진 호스 물을 만나
어느 마당까지 흐르고 있습니다
마당에는 고추, 깨, 나물들이 집단으로 자라고 있습니다
물은 주인 할머니의 주름살 도랑을 흐르고 흐릅니다.

-「도랑물과 아이들」

「도랑물과 아이들」은 "아이들이 집과 들이 가까운 도랑가에서 놀고 있"는 장면부터 태양이 하늘과 곤충과 들판의 곡식이 '제법 어울린' 풍경에 시인도 한자리 참이 되어 어린 시절로 돌아가고 아이들의 도랑물 놀이가 '정직한 풍경화'처럼 읽히는 작품이다. 아이들 곁에 구경하는 시인의 눈은 별 기교 없이 도랑물로 옮겨가고 그 근원이 무엇인가를 보이는 데서 이야기가 이어진다.

작품 중에 "아이들은 도랑물을 희롱하면서 무언가를 찾고 있"다. 그리고 "도랑물의 근원은 플라스틱 호스였"다느니 "호스 구멍을 들여다보면서 깔깔거리다가/구멍을 막아보려고 부진 애들" 쓴다느니 따위가 천진한 모습으로 읽힌다. 작품에서 시인은 한 사람의 천진한 구경꾼이다. 허지만 구경꾼은 아이들과 한자리에서 도랑물을 희롱하면서 무언가에 몰두한다. 구멍을 막아보려 애를 쓰는 아이들과 "막으려 할수록" 더욱 거세게 반항하는 물살의 대립이 작품의 행간을 채운 중요 에너지이다. 아이들과 물살의 밀땅이 거듭되다가 더 이상 기력을 잃어버린 구멍을 통해 시인의 시선은 아이들의 다음 장면으로 옮겨간다.

작품에서 아이들은 주제를 끌고 가는 주요 세력이다. 솟구칠 힘을 상실한 물살과 그것을 의아하게 여기는 독자와의 사이에 호스의 터진 옆구리로 물이 흐르고 그 물이 덤벼든 마당가에 "고추, 깨, 나물들이 집단으로 자라"는 모습에서 시선이동은 어느 새 물은 "주인 할머니의 주름살 도랑을 흐르고 흐"른다는 재치 있는 마무리를 대하게 된다.

이 작품을 읽다가 문득 지평선이 보인다는 광활한 김제 평야의 논농사를 생각한다. 그리고 논농사가 그들먹한 이 지역은 마당에다 물만 대면 곧바로 모심기를 할 수 있다는 장면이 상기되는 순간이다. 「도랑물과 아이들」은 그 자체로 싱그러운 한 폭의 풍경화다. 그리고 이에서 포착된 전원생활에의 서정성이 가슴 뭉클하게 다가온다.

정지로 가는 길목에
나는 끼어드는 섬이다
하늘과 바다가
수평선이 된 사랑
그 사랑 눕혀두고
붙잡힌 섬
하얀 이 드러낸

파도의 설득에도
자리 펴고 누운
그 고집불통의 바다를
누가 꺾으랴 싶다가도
고독한 삶에 생채기 내고
수많은 아집으로 넘실대며

내가 아내의 섬이었을 때
피멍 든 음표들이
나에게 보인 사랑은
들락날락 파도소리 대신
야단법석 동자승 되어
선문답 같은 정도리는 증발하고
무정한 세월만 만발하더라.

-「정도리 깻돌밭에서」 전문

모르긴 해도 '정도리 깻돌밭'은 이남근 시인이 꿈꾸는 유토피아적 해변풍경이 아닐지 싶다. '깻돌'은 '자갈'의 방언이고 파도가 들고나는 바닷가의 잔돌을 이르는 말이다. 실제로는 완도의 정도리나 청산도의 화랑포 갯돌밭이 이름난 장관이고 이들 해변은 반질반질하고 예쁜 거위알들을 집단으로 모아놓은 듯한 대단한 볼거리의 현장이다.

설득하는 파도와 고집불통의 바다

작품에서 시인은 "하늘과 바다가/수평선이 된 사랑"을 요량한다. 그리고 그 사랑을 수평선에 눕히고 그 곁에 '붙잡힌 섬'이라는 절창을 읽는다. 요컨대 "정지로 가는 길목에"서 '끼어드는 섬'이던 '나'가 하얀 이 드러내고 무언가를 끝없이 설득하는 '파도'와 천년만년 세월을 고집불통으로 누워있는 '바다' 사이에 위치한 것은 "고독한 삶에 생채기 내고/수많은 아집으로 넘실댈" 뿐인 때문이다.

작품은 마무리에 들면서 '아내의 섬'으로 돌아온다. 그리고 아내가 보인 사랑의 음표들은 '피멍'이 들만큼 곡

진하다. 정도리 갯돌 밭에서 시인은 '들락날락 파도소리'와 '야단법석 동자승'을 함께 보여준다. 그리고 "선문답 같은 정도리는 증발하고" 무정한 세월만 만발한 해원(海原)을 바라보며 득도한 사람처럼 멀리까지 시선을 보낸다. 더불어 자연을 상대하면서 가고 오는 세월의 틈새에서 이리도 풍성한 상상력의 폭과 깊이를 보인다. 그리고 그것들을 주저 없이 작품에 끌어들이는 이남근 시인의 언어부리는 품이 예사롭지 않다. 이남근 시인의 상상력이 이쯤이면 이후에 더 많은 시적 사고(?)를 칠 것 같다는 예감마저 든다. 시인이 자신을 상정하고 제시한 작품 속의 '섬'은 엘리엇의 '정지'를 의미하고 이쯤에 시인의 시적 의도가 붙박힌 섬인 것은 아닐까

세월만큼 고집스런 너는
동네 친구들의 소꿉놀이로
고독에 고독을 달래고는
고해성사 받는 신부가 되어
이 많은 낙엽을 떨구어 주었지

신 같은 너의 직관은
우리의 지식을 멀찍이 뛰어넘고
달려가서 맞이하는 기쁨보다
다가오는 많은 아픔들을
등을 내어 하나하나 업어주고

사막을 짊어진 태양의 헐떡거림을
우듬지로 받아 올려 태양처럼 불타는

한 바가지 구름들을 쏟아내곤 했었지

겨우내 가난해진 온기는 떨어질까
온몸을 세워 하늘을 받치고
스산한 찬바람에 달빛 사랑과
별들의 안부를 묻고 또 물었던…

삶의 교만들이 널 무시해도
인자한 어른처럼 빙그레 미소만 짓는
한그루 느티나무는 동구 밖에 안녕하시다.

-「동구 밖 느티나무」 전문

「동구 밖 느티나무」는 '세월만큼 고집스런' 존재물이다. 느티나무가 서있는 동구 밖에는 아이들이 소꿉놀이도 차리지만 고독에 고독을 달래며 낙엽을 떨구는 느티나무에서 고해성사 받는 신부의 모습을 목도하게 된다. 이어지면서 '신 같은 너의 직관'에서 "달려가서 맞이하는 기쁨보다/다가오는 많은 아픔들을/등을 내어 하나하나 업어 주"는 느티나무의 모습에서 세원의 깊이와 대상물의 자별함을 읽는다. 동구 밖 느티나무는 오랜 세월에 신 같은 직관으로 동네방네 아픔들을 등을 내어 업어 줄만큼 너그럽고 인자한 모습으로 하늘거린 수호신이다.

'태양의 헐떡거림'이나 "태양처럼 불타는/한 바가지 구름들을" 쏟아내도 "온몸을 세워 하늘을 받치고" "스산한 찬바람에 달빛 사랑과/별들의 안부를 묻고 또 물었던" 나무가 동구 밖 느티나무인 까닭이다. 늘상 갈팡질팡 방황하는 삶의 이정표가 되었던 느티나무는 갖가지 삶의 교만에도 빙그레 미소만 짓는 인자한 어른의 모습을 보이고 높은 키로 서있는 "동구 밖은 늘 안녕하시다"는 마무리를 읽을 수 있다.

동구 밖의 해묵은 느티나무처럼 당산나무도 고독에 고독을 달래면서 여름이면 그늘지어주고 동구 밖까지 너털웃음 지으며 오가는 사람 마중 나와 있었다. 인간은 기껏해야 100년 안팎이지만 나무의 수명은 비교도 되지 않을 만큼 길다. 그러니만치 여러 대(代)의 인간 군상들을 지근의 거리에서 살필 수 있었고 많은 시간의 역사를 함유하고 있었던 것이다.

오가지도 못한 절벽의식에도 절로 콧노래가 흥얼거려지는 「보길도에서」, 아련한 그리움 위에 자신을 돋을무늬처럼 새겨간 「아뜨리에 황소」, 감도는 별무리 속에 기쁨과 행복이 고향의식으로 뜨겁게 흐르는 「작은 설날」, 자연과 인간의 혼융이 마냥 화사하게 느껴지는 「창 밖에」, 심연에 가둔 텅 빈 광야를 어디까지 헤맬 것인가를 묻는 「겨울 나그네」, 남녀 사이의 사랑 이야기인 로맨스를 떠올리게 하는 「창포 사랑」, 존재의 숙성을 해원의 영겁회귀로 이어나간 「바다에서」, 바람의 기합소리로 근육을 단련한 「섬77」, 칩거의 동굴에서 참 가벼운 기분이 감지되고 소생의 시간을 쫑긋거리게 하는 「입춘」, 왠지 황혼의 정서가 읽히고 다툼으로 찾아낸 사랑 깊은 「노을 강」, 꽃으로 와서 고통과 아픔 따위는 유령처럼 흘려버린 「황룡강 꽃밭에서」, 적막을 감치며 성자처럼 드러난 알곡과 해탈의 시간을 노래한 「가을 연극」, 책갈피마다 은행잎을 끼우며 밤늦도록 사색에 잠기는 「은행나무 아래서」, 심호흡 한번으로 회전문 같은 하루를 돌아 나온 「문틈 구멍으로」, 바람이 그림자 되어 온갖 익살을 부리다가 자신을 잃어버린 「환기」, 도랑가에 놀고 있는 아이들과 구경꾼으로 끼어든 시인과의 전원적 서정성을 담아낸 「도랑물과 아이들」, 오고가는 세월의 틈새에서 풍성한 상상력의 폭과 깊이를 보여준 「정도리 깻돌밭에서」, 갈팡질팡 방황하는 삶의 이정표 앞에 인자한 어른의 모습으로 멀리까지 너털웃음을 보내는 「동구 밖 느티나무」 등등은 더 많은 자리로 나아가 더 많은 이야기에 다다르고 있다.

이쯤에서 다시금 묻게 되는 질문, 시인은 누구인가. 시인은 본디가 행복한 관찰자이고 이 같은 모습은 이남근 시인에게서도 어김없이 검출된다. 작품을 독서하면서 생각한 시인은 세상을 향해 누구보다 먼저 보고 최초적 표현을 보내는 자이다.

시인은 순간순간 마주한 삶의 편린에다 시의 두레박을 내리고 여러 감동들을 건져 올린다. 두레박을 뒤집어 시의 물을 따르면 쏟아져서 파닥거리는 쌀붕어 같은 질 고운 서정들, 그것들을 손바닥에 올리면 어느 새 날개가 돋아 노을 멀리 날아간다. 이내 생의 깨우침과 언어적 광채가 서정의 비늘마다 훈육(訓育)이 되어 반짝거린다. 이미 여러 작품에서 우리는 이남근 시인의 이 같은 언어적 현상들을 만날 수 있었다.

살아간다는 것은 소실점으로의 여정

살아간다는 것은 소실점에로 가는 삶의 여정이다. 그 여정에서 이남근 시인은 그가 만난 존재들에 대한 예리한 통찰력과 투시력을 더하여 작품들을 다양한 언어로 서정화 하였다. 필자 또한 그의 언어에 참여하여 이에서 파생한 반응과 신선한 통찰력을 두루 독서했다. 앞에서도 언급했듯이 이남근 시인의 첫시집 『바람이 그림자 되어』는 많은 이야기들이 축약되어 여러 부면의 존재들을 노래하고 있다. 그가 열어갈 다음 세상을 향한 신호탄에 불과하다. 이남근 시인의 문학세상에 대한 출발은 날 새는 줄 모르고 이어질 것이다.